El éxito de
los introvertidos

El éxito de los introvertidos

Sylvia Löhken

Traducción de
Mercè Diago

Título original: *Quiet Impact*

Primera edición: mayo de 2018

© 2006, Sylvia Löhken
Publicado por acuerdo con Sandra Bruna Agencia Literaria, S. L.
© 2018, Penguin Random House Grupo Editorial, S. A. U.
Travessera de Gràcia, 47-49. 08021 Barcelona
© 2018, Mercè Diago, por la traducción

Penguin Random House Grupo Editorial apoya la protección del *copyright*.
El *copyright* estimula la creatividad, defiende la diversidad en el ámbito de las ideas y el conocimiento, promueve la libre expresión y favorece una cultura viva. Gracias por comprar una edición autorizada de este libro y por respetar las leyes del *copyright* al no reproducir, escanear ni distribuir ninguna parte de esta obra por ningún medio sin permiso. Al hacerlo está respaldando a los autores y permitiendo que PRHGE continúe publicando libros para todos los lectores.
Diríjase a CEDRO (Centro Español de Derechos Reprográficos, http://www.cedro.org) si necesita fotocopiar o escanear algún fragmento de esta obra.

Printed in Spain – Impreso en España

ISBN: 978-84-16076-40-6
Depósito legal: B-5745-2018

Compuesto en Infillibres, S. L.

Impreso en Romanyà Valls, S.A.
Capellades (Barcelona)

VE 7 6 4 0 6

| Penguin
Random House
Grupo Editorial |

INTRODUCCIÓN

Extrovertidos e introvertidos: dos mundos por el precio de uno

Me llamo Sylvia Löhken y soy introvertida. Tal vez resulte inusual: la palabra «introvertido» evoca a un friqui sin afeitar, encerrado ante un ordenador varios días que va desperdigando por encima del teclado migas de pizza a domicilio. Pero ese friqui no es más que el estereotipo de una persona reservada. Somos muchas. A mí me gusta estar con mis iguales, son mi profesión y mi vocación, pero tras una jornada ajetreada y de encuentros fortuitos, necesito estar sola y recargar las pilas. Me encanta mi trabajo pero, a diferencia de mis colegas extrovertidos, soy incapaz de extraer toda la energía que necesito del trabajo animado y emocionante con compañeros de seminario, con el público y con quienes están bajo mi tutela. Pero ¿por qué la vida de un introvertido es un tema apropiado para un libro sobre comunicación? Yo también tuve que averiguarlo sola y empecé así:

La formación continuada se considera una parte integrante de mi profesión, pero en un momento dado empecé a hartarme de aprender técnicas de comunicación. Y la culpa no la tenía el tema en sí: lo que ocurre cuando dos personas se conocen es una de las cuestiones que más me interesan. No, empezaba a sentirme incómoda con los formadores y los que se formaban, con mis propios colegas. A menudo me parecían demasiado ruidosos y superficiales y me di cuenta de que el problema lo tenía yo.

Así pues, empecé a darle vueltas al asunto (a los introvertidos nos encanta darle vueltas a los temas, lo hacemos constantemente). ¿Qué podía señalar que me molestara de mis colegas? Las personas que daban las clases no eran peores que yo cuando yo ocupo su lugar. Pero eran distintas, tan distintas que su enfoque solía alienarme. Muchas de ellas se consideraban una «élite»: los mandamases, pensaba, y de todos modos me parecía exagerado. A menudo, los cursos de formación dejaban caer pistas que confirmaban lo diferente que era yo. Mis gestos: «¡Más expansiva, por favor!» Mi discurso: «¡Más agresivo, por favor!» Mi forma de comunicar: «¡Más vigorosa, por favor!»

Todo aquello me incomodaba. Hasta entonces, al dar una charla nunca había sentido la necesidad de hacer gestos grandilocuentes, ni de usar la negociación agresiva o la asertividad. Y hasta entonces, mi enfoque no había tenido ningún efecto negativo. Al contrario: a los clientes «reservados» y participantes en el seminario (los de gestos calmados y mesurados que adoptaban una actitud cooperante, que no alardeaban tanto de sus emociones) les encantaba lo que les ofrecía. Y a mí me caían bien: la mayoría de mis clientes eran muy tranquilos y usaban el pensamiento lógico. «¡Ya veo! Te gustan las "cerebros azules", ¡las personas reservadas y solitarias!», dijo mi (muy extrovertida) *coach* cuando le describí a mis clientes preferidos. Tenía razón. La experiencia que había tenido trabajando en seminarios había puesto de manifiesto que disfruto trabajando de forma intensiva con personas que piensan de forma similar a la mía. Y me percaté de que no existen los cursos de comunicación pensados para mis clientes y para mí, cursos específicos para satisfacer las necesidades y fortalezas de las personas reservadas.

Este libro pretende llenar ese vacío significativo, junto con seminarios, ponencias y sesiones de *coaching* dirigidas a las personas introvertidas. Mi punto de partida fue (y es) que la buena comunicación está relacionada con la identidad. Yo solo puedo tratar con otras personas de forma convincente si me conozco y soy capaz de manejarme de la forma adecuada: al transmitir algo, al negociar, al establecer contactos y también en mi vida privada. Pero ¿qué hace que una persona sea reservada? Como para nosotras no existe la idea de ser reservada de una forma normal (es decir, ni tímida ni hipersensible), me tomé como ejemplo y analicé el modo como me comunico habitualmente. Las obras de autoayuda escritas en inglés y también la psicología me resultaron de lo más útil. También empecé a observar a mis clientes desde una perspectiva muy concreta.

El resultado fue emocionante. Descubrí dos tipos de cualidades que las personas introvertidas aportan a la comunicación, divididos claramente entre fortalezas y obstáculos. No son solo las personas introvertidas quienes poseen estas cualidades, pero sí que muchas de ellas las tienen. ¡Con eso basta para empezar!

Está claro que las fortalezas suponen una ventaja, pero lo mismo pasa con los obstáculos, a su manera: si una persona es consciente de los obstáculos que se crea, entonces tiene una perspicacia mayor acerca de sus necesidades en comparación con las personas que no se preocupan de sus debilidades. Por ejemplo, durante mucho tiempo si de repente sentía que quería estar sola mientras estaba con mi familia y amigos, me parecía que era antisocial. Ahora soy consciente de que retirarse tiene todo el sentido del mundo puesto que me ayuda a recuperar mi energía cuando estoy agotada. Yo no llamaría a eso una debilidad, igual que los extrovertidos no son débiles si confían en ser reafirmados acerca de las cosas y las personas que les rodean en mayor medida que los introvertidos.

Permíteme que te curse una invitación muy cordial: aprende a conocer tus fortalezas y los obstáculos a los que te enfrentas. Acógelos a ambos como buenos amigos con los que compartes tu vida. Así te resultará mucho más fácil influir en una situación de forma que «encaje» contigo y te permita comunicarte bien.

Hay dos cuestiones que resultan especialmente útiles con respecto a distintos tipos de comportamiento humano:

1. ¿Qué fortalezas específicas puede utilizar una persona reservada en esta situación?
2. ¿Qué debería esperar en concreto una persona reservada en esta situación?

En este libro encontrarás las respuestas a estas preguntas a las que he llegado de forma que te resulten útiles en tu vida diaria.

Qué encontrarás en este libro y cómo interpretarlo

Las respuestas a estas dos preguntas están relacionadas con una gran variedad de situaciones en las páginas siguientes: situaciones de la vida profesional y personal, formales y de todo menos formales, cercanas y distantes, abordadas directamente o negociadas. Si te consideras una persona reservada, el propósito de este libro es ayudarte a manejarte en un mundo que a menudo es demasiado ruidoso, y tener éxito en los asuntos que te importan. Todas las secciones están escritas desde el punto de vista de una persona introvertida.

Si eres más bien extrovertido, comprenderás mejor a las personas reservadas con las que te relacionas y llegarás a valorar sus fortalezas después de leer el libro, ya se trate de tu pareja, parientes o amigos, colegas o jefes, compañeros de trabajo o de seminario.

Si no sabes a ciencia cierta si eres una persona reservada o no, en el primer capítulo encontrarás un test para ayudarte a decidirlo. Además, en todo caso, este libro está estructurado de manera que relaciones el tema en cuestión con tu situación personal: irás encontrándote interrogantes que te ayudarán si los respondes con referencia a ti mismo. Aprovecha la oportunidad, así te conocerás de veras, lo cual te ayudará cuando te comuniques con los demás.

Este libro está estructurado del modo como les gusta pensar y comunicarse a los introvertidos: de dentro a fuera. Empieza analizando la personalidad. En la primera parte encontrarás una introducción y una encuesta acerca de las principales fortalezas de las personas introvertidas y de los obstáculos que se crean ellas mismas. Tiene sentido comenzar leyendo esta parte, para empezar con buen pie. La segunda parte, que contiene los capítulos 4 y 5, despliega una galería de escenarios privados y profesionales; centrándose en lo que es positivo para las personas introvertidas y en lo que les ayuda a tener éxito. Por encima de todo, esta sección te enseña cómo manejarte en esos escenarios de un modo agradable para los introvertidos. Los capítulos siguientes, que forman la tercera parte del libro, explican cómo utilizar estas fortalezas y superar esos obstáculos al tratar con otras personas. Aquí he hecho especial hincapié en las fortalezas y obstáculos clave relacionados con establecer contactos, negociar y aparecer en público y en reuniones. Después del test y echando un vistazo al resumen del capítulo 1 sabrás determinar con claridad cuáles de tus cualidades personales importan en una situación concreta.

Los capítulos también te presentarán a algunos de mis asistentes a seminarios y tutelados, cuyas historias (anónimas) ilustran cómo los introvertidos pueden servirse de sus fortalezas en distintas situaciones. Espero que lo que descubras leyendo te ayude a armarte de valor y a desear probar comunicarte con todo el potencial de la persona introvertida.

¡Las personas reservadas mueven el mundo! Muchas personas famosas fueron o son introvertidas, o por lo menos es lo que sugieren las cualidades que se les atribuyen. Echa un vistazo a la siguiente lista de personas distinguidas:

 Galería de personas introvertidas ilustres

Woody Allen: director de cine, escritor, actor y músico, EE.UU.
Julian Assange: periodista y portavoz de WikiLeaks, Australia.
Brenda Barnes: presidenta del consejo de administración de Sara Lee, fabricante de productos de consumo, EE.UU.
Ingrid Bergman: actriz, Suecia.
Warren Buffet: gran inversor y empresario, EE.UU.
Frédéric Chopin: compositor y pianista, Polonia.
Marie Curie: química y física, Premio Nobel de Física en 1903 y de Química en 1911, Polonia.
Charles Darwin: naturalista y creador de la teoría de la evolución, Reino Unido.
Bob Dylan: músico, poeta y pintor, EE.UU.
Clint Eastwood: actor, director de cine, EE.UU.
Albert Einstein: físico, Premio Nobel de Física en 1922, Alemania.
Mohandas Karamchand Gandhi: conocido como Mahatma Gandhi, líder espiritual del movimiento de independencia de la India, India.
Bill Gates: fundador de Microsoft, EE.UU.
Sir Alfred Hitchcock: director de cine, Reino Unido.
Michael Jackson: músico, EE.UU.

Franz Kafka: escritor de habla germana oriundo de Praga, Checoslovaquia.
Immanuel Kant: filósofo de la Ilustración, Alemania.
Avril Lavigne: cantante y letrista, Canadá.
Angela Merkel: canciller de la República Federal de Alemania.
Sir Isaac Newton: físico, matemático, filósofo y teólogo, Reino Unido.
Barack Obama: presidente de EE.UU.
Michelle Pfeiffer: actriz, EE.UU.
Claudia Schiffer: modelo, Alemania.
George Soros: inversor y hombre de negocios, Hungría/EE.UU.
Steven Spielberg: director, productor y guionista, EE.UU.
Tilda Swinton: actriz, Reino Unido.
Madre Teresa de Calcuta: monja, Premio Nobel de la Paz en 1979, Albania/India.
Charles Mountbatten-Windsor: príncipe de Gales, duque de Cornualles, heredero de la corona británica.
Mark Zuckerberg: ingeniero informático, fundador de Facebook, EE.UU.

Así que ya ves, muchas de las personas más exitosas, poderosas, talentosas, innovadoras, valientes, inteligentes e interesantes de este planeta tienen una personalidad reservada. No son mejores que las extrovertidas, pero tampoco son peores que ellas, aunque a menudo lo piensen. Hay algo que les hace destacar por encima de todo: han permanecido fieles a sí mismas, con respecto a su introversión y a todas sus demás cualidades. Es una receta fantástica y te la recomiendo de todo corazón: sé fiel a ti mismo

<u>como persona introvertida, haz lo que te convenga a ti y a tus necesidades.</u> Tú y tus fortalezas cambiaréis el mundo sin alharacas, como las personas de esta lista. Tal como dijo Dolly Parton en una ocasión:

«¡Descubre quién eres, y hazlo a propósito!»

P.S.: Comentario para los expertos: la literatura académica tiende a escribir extraversión, en vez de extroversión. Yo he optado por el lenguaje coloquial y he optado por la última versión.

PRIMERA PARTE

Quién eres
Qué puedes hacer
Qué necesitas

1
Reservado, ¡¿por qué?!

John estudia TI (Tecnologías de la Información) en una universidad técnica muy prestigiosa. Tiene dos amigos con los que le gusta quedar, para ir al cine, por ejemplo, o para practicar algún deporte. Utiliza las redes sociales como Twitter y Facebook para mantenerse en contacto con los amigos del colegio y otras personas a las que ha conocido haciendo prácticas. En estos momentos está haciendo prácticas en una de las empresas de fabricantes de automóviles alemanes más conocida. Pero John no tiene tanto éxito con respecto al amor y las aventuras amorosas: en su facultad no abundan las mujeres y John casi nunca va a fiestas o conciertos, puesto que el nivel de ruido y las multitudes le estresan demasiado. Mientras tanto, se plantea si no debería probar una web de citas para encontrar a la chica adecuada.

John va bien en sus estudios: aprueba los exámenes y se prepara a conciencia para los trabajos escritos. Pero no le gusta hacer presentaciones ante sus compañeros de clase y le aterran los exámenes orales. En su tiempo libre le gusta correr y a veces se le ocurren ideas para su segundo *hobby* mientras corre: fotografía las vistas en las que el paisaje y la tecnología se combinan para crear algo nuevo, por ejemplo puentes y edificios industriales.

Pero ¿qué es una persona reservada?

Introversión y extroversión

Las personas pueden tener una personalidad introvertida o extrovertida. Prácticamente todo el mundo entiende estos términos y asocia ciertas cualidades con ellos. Si observamos con mayor atención, ya sea en la vida real o en la literatura, la frontera entre la introversión y la extroversión resulta bastante difusa. Lo cierto es que hay una gran flexibilidad en las manifestaciones y definición de introversión o extroversión.

El factor de la personalidad

En primer lugar, esta cualidad *depende de la personalidad*. Nacemos con la tendencia a ser introvertidos o extrovertidos y, por consiguiente, con ciertas características y necesidades que nos dan forma. Incluso en los niños advertimos cualidades introvertidas o extrovertidas. Estos términos son más fáciles de entender si no se consideran opuestos, sino como puntos extremos dentro de un continuo. Todo el mundo posee cualidades introvertidas y extrovertidas. Y todo el mundo nace también con cierta flexibilidad, un tipo de zona de confort en el continuo introvertido-extrovertido que encaja con ellos. La mayoría de las personas se encuentran en una zona central moderada, pero con una tendencia hacia el extremo introvertido o extrovertido. Todos los que se encuentran dentro de este espectro están sanos, lo único que puede causar problemas son las posiciones radicales, que afectan a quienes se sitúan en los extremos del continuo, independientemente de que sea el extremo introvertido o extrovertido. Sin embargo, resulta totalmente contraproducente vivir constantemente fuera de la zona de confort. Si un introvertido sensible desde un punto de vista acústico como John, por ejemplo, se expone de forma continua a niveles de ruido elevados, desperdicia mucha energía y se ve incapaz de generar nueva energía. Si estuviera obligado a vender coches todo el día, en vez de hacer las prácticas en la sección administrativa de la empresa, no estaría contento y a la larga se quemaría. En casos extremos, vivir fuera de la zona de confort demasiado tiempo puede provocar enfermedades.

En segundo lugar, la introversión y la extroversión *dependen de la situación*: es decir, al igual que la dirección de una vía de ferrocarril, todo el mundo tiene la capacidad de girar hacia dentro o hacia fuera según el momento. Los seres humanos tenemos una grandísima capacidad de adaptación, uno de nuestros rasgos determinantes es la capacidad de adaptar de forma flexible nuestros pensamientos y acciones a una situación en concreto. En cualquier momento de nuestra vida podemos actuar de un modo u otro. Esto no tiene nada que ver con la introversión y la extroversión, sino con la inteligencia o, posiblemente, la disciplina, por ejemplo cuando decidimos a propósito un enfoque que diferiría sobremanera si hubiéramos actuado de forma impulsiva. Además, el papel que desempeñamos en una situación conforma nuestras decisiones acerca de cómo nos comunicamos. Así pues, distintas cuestiones pueden afectar a nuestro comportamiento: ¿somos débiles o fuertes con respecto a otras personas? ¿Qué se espera de nosotros? ¿Cómo queremos presentarnos?

Por este motivo, el día del cumpleaños de su madre, John hablará animadamente con sus primos más jóvenes, quienes le consideran un buen modelo a seguir. Será educado con sus tías mayores y responderá a sus preguntas con paciencia. En el stand de feria de la empresa en la que hace prácticas tenderá a ser reacio a tratar con personas que no conoce. Pero también hará un esfuerzo pues, al fin y al cabo, es su trabajo. Incluso una personalidad fuertemente extrovertida tiene momentos en que se queda mudo/a o cuando se contiene a propósito. Conozco a muchos extrovertidos que disfrutan de (e incluso necesitan) momentos de quietud en circunstancias turbulentas. De todos modos, esta flexibilidad es una suerte: la cuestión es que la vía introvertida-extrovertida nos deja margen de maniobra y se presta a una multitud de enfoques distintos.

En tercer lugar, *la cultura* en la que vivimos exige más o menos la capacidad de adaptarnos hacia la introversión o la extroversión. Un país como Japón otorga una gran importancia a estar en silencio, solo y pensativo. El silencio compartido forma parte de una conversación normal entre conocidos. A los introvertidos de otros países les parece una experiencia muy agradable. Pero en Estados Unidos, una cultura típicamente extrovertida, donde si se hace el silencio entre dos personas que están hablando suele considerarse molesto o por lo menos desagradable, se considera normal pasar todo el tiempo del mundo en grupo, ya sea a nivel personal o profesional. Así pues, en muchos países europeos los introvertidos tendrán que hacer un esfuerzo extra para adaptarse al entorno, comportándose de forma más extrovertida de como lo harían en Japón, que tiene una cultura afín a los introvertidos.

El factor tiempo

En cuarto y último lugar, con *el paso del tiempo* se producen cambios. A medida que las personas envejecen tienden a desplazarse hacia el centro del continuo y pasan a ser más «moderadas» en su introversión o extroversión. Esto hace que la introversión sea más accesible a los extrovertidos en la segunda mitad de sus vidas, lo cual resulta especialmente valioso: les ayuda a reflexionar sobre ellos mismos y su vida, pensar en valores y en significado.

A pesar de que dependen de la situación, la cultura e incluso de la edad, tanto la introversión como la extroversión son rasgos de la personalidad relativamente estables tal como evidencian ciertas cualidades e inclinaciones. Pero, por encima de todo, la respuesta a una pregunta clave, resulta crucial:

> La pregunta clave sobre la introversión
> y la extroversión:
> ¿de dónde procede la energía?

Es decir, ¿cómo se comportan las personas si están estresadas y/o agotadas y tienen que recargar las pilas?

Fuentes de energía para introvertidos y extrovertidos

Básicamente, esta pregunta tiene dos respuestas. Una es que algunas personas extraen la energía del contacto con los demás. Mi marido es así: tras una jornada estresante, le relaja salir con los amigos, jugar con su equipo de fútbol o implicarse en asuntos del club. Se trata de un comportamiento esencialmente extrovertido. Otras personas «se encierran» y se regeneran en solitario si es posible, con estímulos y conversaciones mínimos. Yo soy así. Tras un día de seminario, disfruto sentada sola en la habitación del hotel y poniéndome a leer. Sin intercambiar palabra con nadie. O quedo con un buen amigo y extraigo la energía de una conversación relajada entre los dos. Tras tres días de seminario, necesito medio día de soledad para recargar totalmente las pilas. Ya habrás empezado a darte cuenta de que cualquiera que se recupere de este modo tiene más probabilidades de estar en el lado de los introvertidos.

El exceso de estímulos agota la energía de los introvertidos. En un contexto laboral, podría tratarse de un trabajo en el que hay que centrarse en varios temas a la vez. En la vida privada, podría ser una fiesta con un montón de gente que no conozco y música fuerte, situación que incluso a los introvertidos jóvenes como John le resultan estresantes. Para los introvertidos, la estimulación excesiva también implica que necesitan retirarse. Pero a los extrovertidos les gusta la estimulación porque les vigoriza. Por eso suelen buscar la variedad cuando tienen que valerse de sus propios recursos y reciben demasiado pocas impresiones: así pues en las bibliotecas, hospitales o empresas con despachos privados les gusta encontrar salas que favorecen el contacto social: cafeterías, lugares con asientos, cocinas y cualquier lugar en el que sea posible la comunicación telefónica o electrónica. En los despachos privados los teléfonos y los ordenadores pueden ser un salvavidas para el extrovertido extremo, dado que garantizan el contacto con el mundo exterior.

Necesidad de paz y tranquilidad

Esto no significa que los extrovertidos no necesiten tiempo para estar solos y momentos de quietud. Pero para los introvertidos el «tiempo en solitario» resulta esencial para su existencia si tienen que recargar las baterías después de situaciones de estrés y de contacto social. Si no disponen de paz y tranquilidad, se vuelven irritables y se sienten agotados. Además, y en términos generales, los introvertidos tienden a necesitar más tiempo sin estímulos antes de sumergirse de nuevo en el ajetreo diario. Pasar tres semanas en un bosque solitario de Suecia son unas vacaciones de ensueño más propias de personas introvertidas que extrovertidas.

? Plantéate:

Pronto podrás valorar si eres introvertido o extrovertido. ¿Cómo te consideras en estos momentos?
- Más bien introvertido. ❑
- Más bien extrovertido. ❑
- Soy mitad y mitad. ❑

Ninguno de los dos tipos es mejor o peor. Sencillamente describen dónde se sitúan nuestras inclinaciones y necesidades. Cuanto mejor sepas qué necesitas, mejor podrás vivir de acuerdo con tu tipo y hacer las cosas que son importantes para ti. Aquí hay algo esencial: equilibrar el tiempo en solitario y el tiempo con otras personas, para recibir la dosis adecuada de cada. Aprende a plantearte: ¿qué necesito exactamente? Pronto te darás cuenta de que casi siempre sabes la respuesta.

> La cuestión de vivir acorde con uno mismo: ¿qué necesito exactamente?

Aerogeneradores y baterías

La comparación con otro ámbito de la generación de energía nos muestra la diferencia con mayor claridad: un extrovertido genera energía como un aerogenerador: para empezar, necesita un estímulo externo para generarla y, en segundo lugar, tiene que participar de forma activa en el proceso y «girar» con dinamismo. Pero los introvertidos son como las baterías: se cargan solas en reposo sin ningún «viento» exterior y prefieren no participar en ninguna actividad en esa etapa. Así pues, los introvertidos, al igual que las «baterías», necesitan más tiempo para sustituir la energía que han gastado.

Cerebros extrovertidos e introvertidos

Ahora los neurocientíficos pueden demostrar que la

actividad cerebral de los introvertidos consume más energía que la de los extrovertidos. En comparación, el cerebro de los introvertidos muestra un nivel mayor de actividad eléctrica, y de forma constante, no solo cuando se enfrentan a retos mentales poco comunes. Este mayor nivel de energía se aprecia sobre todo en el córtex frontal, donde se procesan los eventos internos. Esta es la parte del cerebro dedicada al aprendizaje, la toma de decisiones, la memoria y la resolución de problemas. Así pues, los introvertidos consumen más energía para procesar impresiones y, por consiguiente, agotan las pilas antes que los extrovertidos, quienes, al igual que los aerogeneradores, son capaces de «recargarse» mientras dedican su energía a otra cosa. Por este motivo resulta especialmente importante para los introvertidos economizar sus recursos internos.

El cerebro de los introvertidos es más fácil de sobreestimular

El cerebro de las personas introvertidas también aborda los estímulos procedentes del mundo exterior de forma más intensa que el de las extrovertidas: responden con mayor sensibilidad a los estímulos del mundo que les rodea, es más fácil sobreestimularlos y necesitan mucha más energía para procesar las impresiones. Esto implica, por ejemplo, que para un introvertido como John incluso un nivel bajo de sonido puede tener efectos negativos para una actividad mental como el aprendizaje. Pero sus compañeros extrovertidos tal vez puedan aprender incluso con mayor facilidad si hay un ruido de fondo moderado (¡la radio!) que en silencio absoluto.

Esto no implica que un extrovertido sea «más animado» que un introvertido. Más bien al contrario, los introvertidos no están hechos para ser más callados que los extrovertidos. Incluso la etiqueta «tímido» no tiene nada que ver con la introversión. A las personas tímidas les angustia sobre todo el contacto social. No suele apetecerles la idea de reunirse con otras personas. El miedo no tiene nada que ver con el continuo introvertido-extrovertido: puede sobrevenir a ambos tipos de personas.

> La introversión es algo distinto de la timidez o hipersensibilidad. La hipersensibilidad también difiere de la introversión, significa que el sistema nervioso es sumamente sensible a las influencias externas, lo cual provoca una sobrecarga sensorial especialmente rápida, pero que también puede conllevar un nivel elevado de empatía, aunque relativamente muchas personas hipersensibles son introvertidas, también es cierto que el 30% de ellas son extrovertidas, tal como muestra la psicóloga Elaine Aron. Al final de este libro encontrarás la dirección de la página web de Elaine, que incluye un test mediante el cual podrás valorarte.

Extrovertidos e introvertidos: descubrimientos y nuevas visiones

Freud y Jung:

Sigmund Freud (extrovertido) desarrolló el psicoanálisis moderno hace unos cien años. Vio la sexualidad como la fuerza motora del subconsciente humano. Su joven colega y adversario dialéctico Carl Gustav Jung (introvertido) se mostró crítico con la teoría de Freud. Creó un modelo más completo para el subconsciente que contenía más elementos que la sexualidad. Estas diferencias básicas no tuvieron un efecto muy productivo en la relación entre los dos académicos. Empezaron a trabajar por separado y llevaron a cabo sus investigaciones con independencia el uno del otro.

En 1921, en su ensayo *Psychologische Typen* (*Tipos psicológicos*), Jung definió por primera vez la introversión y la extroversión como características que contribuyen de forma significativa a moldear una personalidad. Identificó cuatro funciones (sensación, pensamiento, sentimiento e intuición) que afectan, además, la personalidad tanto de introvertidos como de extrovertidos. La distinción que Jung hace de la introversión y la extroversión se encuentra en las tipologías de personalidad principales. El Indicador de Tipo Myers-Briggs (MBTI en sus siglas en inglés) de Estados Unidos en concreto y los Insights Tests son los que más encajan con las clasificaciones originales, dado que tienen en cuenta las cuatro funciones identificadas por Jung. Pero los métodos como el «Big Five Test», el Reiss Profile, el Alpha Plus y todos los análisis de Structogram también emplean «introvertido» y «extrovertido» como característica. De todos modos, no están definidos de manera uniforme y no se emplean exactamente los mismos términos. Resulta interesante que el «Big Five Test» coloque «introvertido» y «extrovertido» como subtítulos bajo el término genérico de «extroversión», lo cual desde un punto de vista lógico, es como emplear el término «mujer» como genérico para referirse tanto a hombres como mujeres.

En su obra *The Introvert Advantage* (2002), Marti Olsen Laney señala que Freud, después de su disputa con Jung, presentó el concepto de introversión de forma negativa en sus escritos equiparándolo al narcisismo, mientras que consideró la extroversión como saludable y positiva. ¿Acaso podría ser que la imagen negativa que todavía tiene hoy la introversión (y que está claramente presente en muchos de los tests mencionados) se remonte al conflicto entre un académico extrovertido y su colega introvertido?

Wolfgang Roth (2003) identifica un vínculo distinto: tiene la impresión de que Jung, al clasificar los rasgos de la personalidad, intentaba explicar su desacuerdo con el extrovertido Sigmund Freud, algo que preocupó y molestó a Jung durante mucho tiempo.

Pero hay una cosa importante: Jung no valoró a las personas en relación a los distintos grados de introversión o extroversión. Consideraba a ambos tipos y sus rasgos importantes y valiosos. En opinión de Jung, los introvertidos y los extrovertidos se complementan entre sí y pueden ayudarse mutuamente a ampliar su punto de vista y utilizar nuevas perspectivas. Por ejemplo, un colega extrovertido puede organizar fácilmente ayuda adicional dentro de la empresa, mientras que el introvertido se asegura de que todo cambio de dirección se analice en profundidad. Un padre introvertido puede poner límites con discreción a su hija extrovertida a medida que se va haciendo mayor a fin de evitar conflictos que pueden surgir fácilmente en la comunicación entre personas extrovertidas e introvertidas.

La importancia de la neuropsicología

Mientras tanto, la investigación ha avanzado. Hay un ámbito especialmente interesante en el campo de la introversión-extroversión: la fisiología del cerebro. Esta no es una obra de medicina, pero las revelaciones en el terreno científico son una historia emocionante por derecho propio. Los estudios realizados a partir de la década de 1990 dejan claro que en varias zonas del sistema nervioso central el continuo introvertido-extrovertido no es solo un supuesto psicológico, sino una realidad biológica. Es decir: nuestras personalidades y acciones están regidas por aspectos fisiológicos del cerebro. No obstante, no podemos concluir que «tengamos» que comunicarnos o actuar de un modo en concreto. Sencillamente, las características fisiológicas llevan a conclusiones sobre nuestras fortalezas e inclinaciones.

A continuación encontrarás un breve resumen de las revelaciones más importantes.

¡Los introvertidos y los extrovertidos tienen cerebros distintos!

1. Está demostrado que existe una mayor actividad eléctrica en los córtex frontales de los individuos introvertidos que en los de los extrovertidos. Se trata de la zona en la que abordamos los procesos internos. Ahí es donde aprendemos, decidimos, recordamos y solucionamos problemas (Roming, 2011).
2. En 1999 una doctora estadounidense, Debra Johnson, demostró que la introversión está relacionada con un mayor flujo sanguíneo en la misma zona frontal. También puso de manifiesto que las diferencias entre los introvertidos y los extrovertidos se producen porque su sangre sigue distintas vías en el cerebro. Los estímulos de los introvertidos tienen que viajar a zonas más profundas del cerebro a lo largo de las vías neuronales en comparación con los extrovertidos. Por este motivo las personas reservadas suelen tardar más en reflexionar o reaccionar.
3. El cerebro de los introvertidos está dominado por distintos neurotransmisores en comparación con los de los extrovertidos. Se tratan de portadores de mensajes que afectan a las actividades del córtex cerebral, transportando mensajes como la satisfacción y el bienestar (Roth, 2007). Las vías que siguen los neurotransmisores se establecen a partir de la repetición de acciones y moldean todo aquello que hacemos por costumbre. Todos los individuos tienen su «nivel» propio, determinado genéticamente para distintos neurotransmisores. Las personas extrovertidas muestran una actividad considerablemente mayor en la vía del neurotransmisor dopamina, mientras que los introvertidos tienen más acetilcolina (Olsen Laney, 2002).

4. Estos dos neurotransmisores presentan efectos bastante distintos: la dopamina se encarga del impulso motor, la curiosidad, la búsqueda de variedad y la expectativa de recompensa; la acetilcolina es importante para la concentración, la memoria y el aprendizaje (Roth, 2007). Susan Cain resume las consecuencias de esta diferencia neurobiológica: define a los extrovertidos como «orientados hacia la recompensa» y a los introvertidos como «orientados hacia la amenaza» (Cain, 2011).

   La comunicación nota estos efectos: el equipamiento biológico de los extrovertidos hace que sean más propensos a estar alegres, emocionados, exultantes o incluso eufóricos. Los extrovertidos también tienen más posibilidades de correr más riesgos: por ejemplo, tienen más conflictos, son más propensos a tomar decisiones arriesgadas cuando negocian y suelen sentirse más cómodos ante un gran público. Los introvertidos no se sienten eufóricos tan a menudo y lo sienten con menor intensidad, pero es más probable que miren y escuchen con atención antes de actuar. Les gusta evitar conflictos y raras veces se muestran agresivos. Incluso hay estudios que apuntan a que los introvertidos son más fieles que los extrovertidos...

5. Los neurotransmisores deberían contextualizarse. Existen dos «adversarios» en nuestro sistema nervioso autónomo (es decir, en la zona en la que todo ocurre «de forma automática»). El *sistema simpático* garantiza que el cuerpo rinde, y lo prepara para el ataque, la huida o esfuerzos mayores en relación con el mundo exterior. El nervio simpático utiliza el «transmisor extrovertido», la dopamina, para las funciones de transmisión. El *sistema parasimpático* se encarga exactamente de lo contrario: actúa para garantizar la calma, la relajación y la preser-

vación. Reduce el ritmo cardiaco y favorece la digestión mediante la acetilcolina «el transmisor introvertido».

6. A raíz de estos vínculos (y de otros estudios) Marti Olsen Laney (2002) llega a la conclusión de que los introvertidos y los extrovertidos difieren sobre todo desde un punto de vista biológico porque el sistema nervioso autónomo está configurado de forma distinta: en los extrovertidos dominan las actividades del sistema nervioso autónomo y en los introvertidos dominan los del sistema parasimpático. Aparte, parece que los extrovertidos (de acuerdo con las investigaciones de Debra Johnson arriba mencionadas que datan de 1999) necesitan más estímulos del mundo exterior que los introvertidos, porque no pueden estimularse de forma interna con los mismos niveles de intensidad. Así pues, la calma exterior y el reposo son un reto para los extrovertidos. Los investigadores Dean y Peter Copeland pusieron de manifiesto que para los extrovertidos la falta de estímulos externos (por ejemplo, actividades rutinarias, pocas personas activas, rituales rígidos) provocan una falta de estimulación (Hamer/Copeland, 1998). Así pues, los extrovertidos enseguida se tornan inquietos o se aburren si la falta de estimulación persiste: presentan síntomas por abstinencia de dopamina.

7. Esta es la explicación biológica de por qué los extrovertidos extraen su energía del comportamiento activo, orientado al exterior, mientras que los introvertidos toman su fuerza en la paz y la tranquilidad: las dos maneras de proveerse de energía están relacionadas con la diferencia de equipamiento de los sistemas nerviosos autónomos.

La zona de confort como hábitat natural

Ahí queda la base académica de nuestra decisión. Con este trasfondo, es más fácil comprender por qué es tan saludable desplazarse por el continuo introvertido-extrovertido dentro de nuestra zona de confort con la mayor frecuencia posible: es lo más cercano a nuestro hábitat natural, el que encaja mejor con nosotros y en el que organizamos nuestra vida de la forma más fácil y placentera.

¿Abundan más los introvertidos o los extrovertidos?

Todavía no es posible obtener respuestas científicas precisas a todos los interrogantes que plantean los introvertidos y los extrovertidos, lo cual se aprecia en la respuesta a una pregunta interesante, que difiere sobremanera según el punto de vista: ¿los introvertidos están en minoría con respecto a los extrovertidos?

> Los introvertidos suelen ser menos visibles...
> Pero están por todas partes.

Dado que los extrovertidos se comunican con más fuerza a través del oído y de la vista, suelen parecer mayoría en los grupos, mientras que tenemos la impresión de que los introvertidos no predominan tanto. El libro de Marti Olsen Laney cita autores como Kroeger y Thuesen, que trabajan sobre la base de que el 75 por ciento de la población es extrovertido, mientras que Susan Cain estima que la relación es de 30 a 70 con respecto a los extrovertidos. Pero los estudios de Laurie Helgoe (2008) y Devora Zack (2012) sobre los introvertidos parten de la base que hay una proporción equilibrada de 50 a 50 entre introvertidos y extrovertidos, lo cual concuerda con la literatura sobre el Indicador de Tipo de Myers-Briggs.

Lo más probable es que resulte imposible precisar las proporciones exactas. Pero una cosa es cierta: hay muchos introvertidos. El siguiente apartado aborda una cuestión que es más importante para la temática principal de este libro que cualquier baile de cifras. ¿En qué situación se encuentran los introvertidos en relación con sus conciudadanos a la hora de comunicarse?

La mezcla de personas adecuada

¿Los introvertidos son antisociales?

Las personas reservadas que se muestran reticentes en un contexto social fácilmente reciben la etiqueta de «antisociales». Es injusto. La introversión y cualidades como la amabilidad o el interés por otros seres humanos son rasgos de la personalidad muy diferentes. Por supuesto que tenemos al «rarito» de turno que mantiene contacto social a través de Internet. Pero también tenemos a la experta en comunicaciones introvertida (como Anne, a quien conoceremos en el capítulo 6) que trata con mucha gente distinta y disfruta con ello. También dentro de los extrovertidos hay diversas personalidades: no todas las personas extrovertidas son artistas carismáticos, y hay muchos extrovertidos que son más bien ineptos desde un punto de vista social. Todos somos seres sociales. Nos necesitamos los unos a los otros. Pero «necesitar» es un término muy amplio. Por ejemplo, un bebé necesita a otras personas para sobrevivir. En la edad adulta, necesitamos la compañía de los demás; las organizaciones de defensa de los derechos humanos consideran la reclusión en celdas de aislamiento una forma de tortura. Todo el mundo necesita mirar a los demás a fin de establecer criterios de comportamiento.

La capacidad de establecer contactos personales con otros exige una serie de cualidades, como el interés por otras personas, empatía, respeto, simpatía, e incluso la capacidad de reconocer la culpa. Las personas presentan estas cualidades independientemente de si son introvertidas o extrovertidas.

> Las personas reservadas necesitan energía para la interacción social, mientras que las extrovertidas la extraen de esta interacción.

Inversión *versus* recompensa

Aunque los introvertidos y los extrovertidos «necesitan» a sus congéneres al igual que todos los demás miembros de la especie, para los introvertidos, conocer a otras personas siempre representa una inversión: tal como habéis visto con anterioridad en este libro, la comunicación con los demás, sobre todo en grupos numerosos, consume mucha energía de los introvertidos. Pero los extrovertidos ganan algo del mismo encuentro: una «recompensa» de los neurotransmisores y, por encima de todo, ese elemento tan valioso llamado energía. También recordarás que, como «aerogeneradores», los extrovertidos necesitan «viento», es decir, interactuar con otras personas, con el mismo apremio con el que los introvertidos (como «baterías») necesitan tiempo para ellos a fin de recargarse. Además, los extrovertidos suelen sentirse cómodos en compañía de otros y, por lo tanto, les resulta más fácil concentrarse en una perspectiva externa.

Las personas introvertidas también pueden sentirse cómodas con otras personas, pero hay diferencias. Los introvertidos necesitan menos estímulos; su cabeza está muy activa sin impulsos externos en comparación con lo que les pasa a los extrovertidos. Por eso a las personas reservadas los eventos sociales les suelen parecer debilitantes y se retraen: conciertan muy pocas citas en firme o adoptan una postura pasiva en vez de abordar a otra gente a propósito. Los introvertidos también prefieren otras formas de comunicación: les gusta hablar con una o dos personas en vez de con un grupo numeroso. Les gusta dar conferencias en salas pequeñas en lugar de en grandes auditorios abarrotados. Además, por muy inspiradora que resulte una conversación, la energía invertida en ella solo puede recuperarse cuando la estimulación se procesa durante un período de descanso. En solitario.

Vida interior intensa

Por eso las personas reservadas tienen tendencia a recluirse del mundo exterior si tienen demasiadas impresiones que procesar, lo cual puede dar a los extrovertidos la impresión equivocada: «¡No puede tratar así a la gente!» En el peor de los casos, consideran que los introvertidos son seres egocéntricos, no interesados en tratar con otras personas, incluso más bien ermitaños. Querido lector extrovertido: ¡no es cierto! Lo que pasa es que, en comparación contigo, los introvertidos necesitan centrarse más en su intensa vida interior: a las impresiones externas hay que hacerles frente de manera constante con experiencias, actitudes o valoraciones personales. Así pues, tiene sentido que la «memoria de trabajo» esté próxima a una sobrecarga a consecuencia de tales actividades.

> ¡Como introvertido, asegúrate de disponer de suficiente tiempo de desconexión!

¡Tiempo necesario para regenerarse!
A los introvertidos les beneficia especialmente estar solos de vez en cuando: para asimilar y regenerarse. Así se evita el exceso de estimulación, la fatiga y la necesidad de «ensimismarse» durante una conversación. Además, la necesidad de estar a solas no es para nada antisocial como tal. Al contrario, las personas reservadas quieren entender qué sucede a su alrededor de la forma adecuada, motivo por el cual necesitan digerirlo en toda su complejidad. Es decir: para ellos «ocurre» mucho más que para los extrovertidos, lo que pasa es que no resulta visible. Los extrovertidos suelen sentirse ligeramente excluidos, aburridos o incluso rechazados cuando están con perso-

nas introvertidas. ¡Claramente no! Se trata de una impresión errónea.

Así pues, debido a la forma como se organiza su cerebro, a los introvertidos les beneficia buscar el equilibrio entre el tiempo que pasan con los demás y en solitario. La proporción correcta dependerá de dónde se encuentre su zona de confort en el continuo introvertido-extrovertido (véase el apartado «Pero ¿qué es una persona reservada?» al comienzo de este capítulo). Hay algunos introvertidos retraídos que necesitan mucha paz y tranquilidad (los del extremo introvertido del continuo), sobre todo tras eventos sociales, mientras que a los introvertidos que se sitúan hacia el centro del continuo les basta con menos tiempo de desconexión. Les gusta la gente y cultivan sus contactos de tal manera que podrían pasar por extrovertidos. Helgoe (2008) llama a estas personas «introvertidos accesibles socialmente». A estas personas reservadas a las que no les cuesta abrirse a los demás las llamo «flexiintrovertidas».

A primera vista, estos flexiintrovertidos suelen ser difíciles de distinguir de los extrovertidos. A muchas personas con este tipo de personalidad les gusta estar acompañadas y se les suele dar bien iniciar contactos. Queda claro que son distintas de las extrovertidas en una cuestión crucial con respecto a la gestión de la energía: necesitan períodos de tranquilidad y retraimiento a fin de ser totalmente capaces de volverse a dedicar a otras personas.

Reconocer la necesidad de desconexión

La desconexión es problemática porque este tipo de persona reservada parece muy accesible: los demás no suelen advertir que un flexiintrovertido quizá necesita estar solo. Incluso los introvertidos accesibles socialmente suelen tardar mucho tiempo en darse cuenta de que necesitan esta paz y tranquilidad y tiempo para ellos; a fin de cuentas, ¡disfrutan estando con otras personas! Sin embargo, su don para disfrutar de la compañía de otros no tiene nada que ver con su necesidad de paz y tranquilidad. Los flexiintrovertidos se agotan especialmente rápido porque tardan en advertir esta necesidad y disfrutan cuando están acompañados. Les resulta beneficioso planificar períodos de descanso regular de forma cuidadosa.

De lo que no cabe la menor duda es que los introvertidos son seres tan sociales como los extrovertidos. Aprecian disponer de una red manejable de contactos fiables. Ahora valora tus preferencias con ayuda de estas dos preguntas.

 Dos preguntas para ti

¿Con qué tipo de personas te sientes más cómodo/a?
¿Qué situaciones encajan más contigo?

¿Eres una persona reservada?

Valora tus necesidades

Probablemente, la pregunta acerca de si eres una persona reservada sea la más importante del libro: una vez que seas consciente de las cualidades más importantes de las personas reservadas, tienes que ubicarte, ¿qué lugar ocupas a lo largo del continuo entre la introversión y la extroversión? Cuando hayas encontrado ese punto también serás consciente de ciertas fortalezas y obstáculos en el trato contigo mismo y con los demás. Además, ahorrarás mucha energía, energía que has invertido (igual que yo) al vivir como una persona que no eres tú en realidad. Y, como mínimo, este nuevo autoconocimiento te ayudará a hacer una valoración consciente de tus necesidades precisas en situaciones concretas.

El siguiente test te ayudará a ubicarte. Sírvete tu bebida preferida, resérvate un cuarto de hora de tranquilidad, ten a mano un bolígrafo y averigua si eres una persona reservada.

? ¿Dónde te ubicas en el continuo?

Marca todas las frases que encajan contigo.

1. Me impaciento enseguida cuando hablo con alguien que tarda demasiado en responder. ☐
2. Prefiero hablar con una sola persona que con varias. ☒
3. Tengo la impresión de que soy capaz de entender con más facilidad lo que pienso si hablo de ello con otras personas. ☒
4. Me gusta que mi entorno esté limpio y ordenado. ☐

5. Me gusta actuar rápidamente, por una corazonada, en vez de pensármelo durante mucho tiempo. ☐
6. Si estoy realmente cansado/a, prefiero estar solo/a. ☒
7. Las personas que hablan rápido me agotan. ☒
8. Tengo gustos muy personales y característicos. ☒
9. Evito las muchedumbres en la medida de lo posible. ☒
10. Normalmente no me cuesta mantener una conversación trivial, incluso con personas que no conozco. ☐ No
11. Si paso mucho tiempo con gente, acabo cansándome o sintiéndome irritado/a. ☒
12. Las personas suelen prestarme atención cuando hablo. ☐
13. Si tengo visitas en casa que se quedan mucho tiempo, espero que colaboren. ☐
14. Prefiero trabajar en un proyecto por secciones pequeñas en vez de dedicar mucho tiempo a una sola parte. ☒
15. A veces me siento muy cansado/a después de muchas conversaciones o si la gente habla muy alto. ☒
16. No necesito muchos amigos. ☒
17. No paso demasiado tiempo pensando en lo que le pasa por la cabeza a otras personas. ☐
18. Me preocupo de dormir las horas suficientes. ☒
19. Me emocionan los sitios y los entornos nuevos. ☒
20. Me agobian las molestias repentinas y las situaciones inesperadas. ☒
21. Considero que la gente suele pensar que soy

demasiado tranquilo/a, aburrido/a, distante
o tímido/a. ☐
22. Me gusta observar de cerca y presto atención
a los detalles. ☒
23. Prefiero hablar a escribir. ☐
24. Me informo a conciencia antes de tomar una
decisión sobre algo. ☒
25. Suelo tardar en captar la tensión que existe entre
las personas. ☐
26. Tengo una sensibilidad estética acusada. ☒
27. A veces busco excusas para no ir a una fiesta o a otros
eventos sociales. ☒
28. Confío en la gente relativamente rápido. ☐
29. Me gusta pensarme las cosas y llegar al fondo del
asunto correspondiente. ☒
30. Evito hablar ante un público numeroso en la medida
de lo posible. ☐
31. Saber escuchar no es mi principal cualidad. ☐
32. A menudo permito que las expectativas de otras
personas me presionen en exceso. ☒
33. Normalmente puedo asumir los ataques
personales. ☐
34. Me aburro con facilidad. ☒
35. Si hay algo especial para celebrar, me satisface
que sea a lo grande: una buena fiesta o una
comida con un montón de gente. ☐

Ahora valora las frases que has marcado:
Frases de introvertidos: 2, 6, 7, 9, 11, 15, 16, 20, 21,
22, 24, 27, 29, 30, 32.

Frases de extrovertidos: 1, 3, 5, 10, 12, 14, 17, 19, 23, 25, 28, 31, 33, 34, 35.

Las frases 4, 8, 13, 18 y 26 no tienen nada que ver con la introversión ni la extroversión y están ahí por una sola razón: para evitar que caigas en la rutina de responder.

¿Qué tal tus resultados?

Eres introvertido y has marcado al menos tres frases de introvertido más que de extrovertido:
A mayor número de frases de introvertido que hayas marcado, más claramente introvertido eres. Este libro te ayudará a identificar tus necesidades y a sacar el máximo partido de tus fortalezas. ¡Sigue con ello!

Has marcado más o menos la misma cantidad de frases de introvertido y extrovertido, es decir, no hay más de dos frases de diferencia:
Estás en la zona intermedia entre introvertido y extrovertido y como «centrovertido» o «ambivertido» te llevas bien con los dos tipos de personalidad. Tu comportamiento es especialmente flexible. Este libro te enseñará, sobre todo, algo sobre el repertorio de tu lado introvertido, es decir, sobre el lado que probablemente te resulte menos obvio.

Eres extrovertido y has marcado al menos tres frases más de extrovertido que de introvertido:
A mayor número de frases de extrovertido que encajen contigo, más marcada es tu extroversión. A medida que avances en la lectura, averiguarás qué motiva a los introvertidos; también verás

hasta qué punto difieres de ellos por ser extrovertido. Comprenderás mejor a muchas personas de tu entorno y también te llevarás mejor con ellas.

Nuestra fuerza radica en conocernos

Ahora ya te has valorado. Dado que has marcado los puntos que más encajan con la imagen que tienes de ti mismo, el resultado no te sorprenderá. Pero este pequeño análisis te servirá para dos cosas. En primer lugar, puedes compararte con otras personas (y sus resultados), lo cual puede llevar a un mejor entendimiento entre ambos, por ejemplo tú y tu pareja. En segundo lugar, las frases te dan pistas sobre cómo gestionar tus fortalezas y necesidades en la vida como introvertido o extrovertido. Precisamente esto es lo que marca una diferencia crucial. Disponemos de toda nuestra fuerza cuando nos conocemos, reconocemos nuestras cualidades y asumimos la responsabilidad de nuestras fortalezas y necesidades.

La tabla del extrovertido-introvertido

Típico extrovertido, típico introvertido

Quienes prefieren un estudio sistemático van a ver otra comparación: ¿qué motiva al típico extrovertido o al típico introvertido?

La palabra clave es «típico»: tal como hemos dicho, es poco habitual que una persona sea totalmente introvertida o extrovertida.

❓ Plantéate:

Vuelve a valorarte con ayuda de las listas que tienes a continuación: ¿qué características de introversión o extroversión posees?

- Más características de introversión en general ❑
- Más características de extroversión en general ❑
- Más o menos igual de ambas ❑

Típico de extrovertidos...	Típico de introvertidos...
Regenerarse a través del contacto con otras personas («aerogenerador»)	Regenerarse a través de la paz, la tranquilidad y la soledad
Extraen energía de la actividad y la comunicación	Necesitan tiempo para descansar tras la actividad y la comunicación, a ser posible en solitario
Suelen hablar o actuar de forma espontánea, sin pensar... y ponen en orden sus ideas al hablar	Prefieren pensar antes de hablar o actuar, y no dicen nada hasta que han reflexionado
Prefieren actuar en vez de observar durante mucho tiempo	Observan mucho, actúan en consecuencia
Se ponen en marcha debido a la presión del tiempo, los plazos y les gustan las soluciones rápidas	Los plazos cortos les parecen estresantes y les gusta tener más tiempo para pensar o antes de tomar una decisión
Prefieren trabajar en varios proyectos a la vez	Prefieren trabajar a conciencia y en un ámbito de su trabajo
Necesitan poco espacio personal	Les gusta tener espacio personal (por ejemplo, su habitación, distancia de otras personas en un grupo)
Creen que tienen muchos amigos	Se sienten cercanos a unas pocas personas que llaman amigos

Típico de extrovertidos...	Típico de introvertidos...
Las conversaciones triviales les parecen estimulantes y entretenidas; contactan con mucha gente nueva	Las conversaciones triviales les parecen cansadas y superficiales, prefieren conversaciones profundas con una persona o en un grupo reducido. No les importa esperar a que otros tomen la iniciativa y les aborden.
Se aburren rápidamente	Necesitan menos estímulos externos
Les gusta trabajar con otras personas en grupo	Les gusta trabajar solos o con una única persona
Se distraen con facilidad	Se desaniman con facilidad
Necesitan estímulos de personas, lugares, actividades	Les gusta pensar en lo suyo
Se alegran si están de acuerdo con ellos y si reciben *feedback* positivo sobre lo que hacen y lo que consiguen	Les gusta sentirse aceptados a nivel personal, les hace sentir seguros y menos dudosos de sí mismos
Prefieren hablar a escuchar	Prefieren escuchar a hablar. Pero les gusta hablar mucho sobre las cosas que son importantes para ellos, sobre todo en un grupo reducido
Enseguida hablan de ideas y sentimientos personales	Se cuidan de hablar demasiado de asuntos y sentimientos personales, y hablan muy poco de asuntos privados o áreas de conflicto, y aun así solo a unos pocos amigos íntimos
A menudo se muestran inquietos, susceptibles, impacientes, hiperactivos	A menudo parecen tímidos, abstraídos, retraídos y arrogantes

Típico de extrovertidos...	Típico de introvertidos...
Suelen sentirse en su salsa en grupos grandes, en situaciones inesperadas o bajo presión; como cuando se comunican con grupos numerosos	Casi siempre se sienten inhibidos en grupos grandes, en situaciones imprevistas o si están bajo presión, y se quedan en blanco en casos extremos. Prefieren las conversaciones cara a cara o con un grupo reducido de personas
A menudo parecen agresivos	A menudo parecen distantes
Les interesan muchos temas y saben un poco de cada uno de ellos	Les interesa un número reducido de temas y saben mucho acerca de ellos
Les gusta la información poco complicada, fácilmente accesible	Valoran el detalle
No se toman las cosas personalmente con facilidad y lidian bien con los conflictos	Enseguida se toman las cosas personalmente, los conflictos les resultan opresivos
Les cuesta «seguir en la brecha» cuando se producen situaciones complicadas o se toman decisiones difíciles	Siguen en la brecha con tesón y concentración aunque surjan complicaciones y las decisiones tarden en llegar
Suelen hablar en voz alta, enfática y rápida	Suelen hablar en voz baja y sin énfasis específico

¿Eres introvertido o extrovertido? Hay entornos distintos que ofrecen margen para el desarrollo de personalidades de ambos tipos. También hay situaciones en las que resulta difícil manejarse según el tipo. En los capítulos siguientes se tratarán este tipo de situaciones.

El mundo necesita introvertidos y extrovertidos

Hay que dejar una cosa clara: independientemente del resultado obtenido, el mundo necesita tanto a personas introvertidas como extrovertidas. La especie humana (y los reinos animal y vegetal) se benefician de los contrarios complementarios. La humanidad necesita a hombres y mujeres, a intelectuales y a personas emotivas, a personas sedentarias y a nómadas, extrovertidas e introvertidas. Los extrovertidos ofrecen a los introvertidos algo de lo que carecen: subidones de energía, acción espontánea, motivación. Por el contrario, los introvertidos ofrecen a sus coetáneos extrovertidos algo de lo que suelen carecer: por ejemplo, guardar silencio cuando toca, relaciones profundas, reflexión y un oído atento. Estas y otras fortalezas que comparten las personas reservadas centran el siguiente capítulo.

 Resumen de los puntos clave:

- Las personas introvertidas y las extrovertidas difieren sobre todo en la manera como **obtienen la energía:** las introvertidas necesitan paz y tranquilidad mientras que las extrovertidas obtienen la energía del contacto con otras personas y de actividades.
- La introversión y la extroversión son **dos extremos de un continuo.** Cada persona tiene un lugar en este continuo en el que se siente a gusto. En un mundo ideal, pasarían buena parte del tiempo en ese lugar, de lo contrario empieza a resultar malsano. **Las fluctuaciones y los cambios** entre la introversión y la extro-

versión son normales y pueden deberse a la cultura prevalente, la situación concreta, el papel, la edad e incluso el estado de ánimo.

- **La introversión, la timidez y la hipersensibilidad** son tres cualidades distintas que no necesariamente están relacionadas.
- Debemos la distinción entre personalidades introvertidas y extrovertidas a Carl Gustav Jung. A veces en la literatura se presenta la extroversión como «más sana» en comparación con la introversión, lo cual es tan indefendible como lo contrario.
- Los introvertidos y los extrovertidos difieren en la manera como sus cerebros están organizados y en su actividad mental.
- Cuanto más familiarizados estén los introvertidos y los extrovertidos con sus propias necesidades e inclinaciones, más fácil y agradable será aceptarse y llevarse bien con los demás.
- ¡El mundo necesita las cualidades que muestran ambos tipos de personalidad!

2

Las fortalezas de los introvertidos: el tesoro oculto

El cofre del tesoro de los fuertes

Este capítulo es como una especie de cofre en el que encontrarás un repaso de todas las fortalezas que las personas reservadas suelen presentar. Esta sección resulta de especial importancia para mí. En un mundo en el que se atribuye más valor a la comunicación entre extrovertidos como algo a lo que aspirar, es fácil que las cosas que las personas reservadas saben hacer, logran y ofrecen queden relegadas a un segundo plano. Pero las personas reservadas son igual de capaces de utilizar sus fortalezas para conseguir lo que les interesa, para motivar a otras personas, para establecer y mantener contactos, para resistir ataques con seguridad... es decir, consiguen comunicarse igual de bien que los extrovertidos a todos los niveles. Empleando sus propios recursos.

Los introvertidos tienen tendencia a la autocrítica

En este capítulo voy a centrarme en estos recursos. Los he ido recopilando a lo largo de los años que he pasado trabajando con personas introvertidas y aquí los resumo. Las personas implicadas suelen desconocer por completo sus fortalezas. Las personas reservadas son especialmente propensas a la autocrítica y a menudo tienen que hacer un esfuerzo consciente para descubrir su lado bueno. Por una parte, es positivo que los introvertidos se juzguen con rigor y se planteen criterios acerca de lo que quieren ser, hacer y conseguir. Por otra parte, ser excesivamente crítico con uno mismo reduce fácilmente la autoestima, autoestima que las personas que son menos estrictas con ellas mismas tienen a su disposición y de la que alardean. En el peor de los casos, la autocrítica nunca puede significar autosabotaje.

Las fortalezas de las personas reservadas suelen pasarse por alto

Si no quieres que te vuelva a pasar, tienes que repasar a conciencia tus fortalezas así como tu capacidad para ver lo que valen. El objetivo de las páginas siguientes es ayudarte a hacer ese repaso y valorar entonces el resultado. Quizá tengas que mirar en lo más hondo: a menudo lo que está disponible se da por supuesto. También se da el caso de que las fortalezas de las personas reservadas son precisamente eso, reservadas, por lo que es fácil pasarlas por alto. No obstante, las fortalezas de los introvertidos pueden ser sumamente efectivas en la comunicación con uno mismo y con los demás. Para cuando termines este capítulo, te prometo que habrás descubierto tus ventajas paso a paso.

Después de leer el capítulo 1 ya sabes que a las personas reservadas desde un punto de vista neurobiológico se motivan de forma distinta de las extrovertidas. Su circuito cerebral y su sistema nervioso automático están especialmente predispuestos para la concentración, el aprendizaje, la autorreflexión y la memoria, mientras que el cerebro de los extrovertidos está más enfocado a ser proactivo y a los estímulos del mundo exterior.

Las fortalezas específicas de ambos tipos también se encuentran en esta distinción, lo cual no implica que todas las personas reservadas posean las diez características fuertes. Y ni mucho menos significa que las fortalezas mencionadas sean del dominio exclusivo de los introvertidos: los extrovertidos también pueden estar muy bien dotados para el análisis y ser buenos escritores. Pero es muy habitual que las personas reservadas posean las diez fortalezas que encontrarás en este capítulo, de acuerdo con mis propias observaciones y según los resultados de los estudios sobre introvertidos. Lo mejor es que tengas presente esta pregunta a medida que lees el capítulo:

> ¿Veo esta fortaleza en mí?

Resumen de las fortalezas

Puedes recopilar tus respuestas al final del capítulo. Así tendrás una especie de cofre personal. Aquí tienes un primer resumen de las fortalezas, con unas cuantas palabras clave que empezarán a poner las cosas en su sitio.

> **Resumen: fortalezas de los introvertidos**
>
> **Fortaleza 1: Prudencia**
> Actúas con cuidado, evitas riesgos y aventuras, observas con atención, te muestras respetuoso, piensas antes de hablar, eres discreto, das información sobre ti mismo con cuentagotas y no a cualquiera.
>
> **Fortaleza 2: Sustancia**
> Te sumerges en las profundidades de tu experiencia, haces hincapié en lo esencial, propones temas significativos, profundos y de gran importancia, mantienes conversaciones trascendentes.
>
> **Fortaleza 3: Concentración**
> Eres capaz de centrarte, de dirigir la energía de forma pertinente a una actividad interna o externa, perseveras en las cosas de forma intensa y constante, estás alerta.
>
> **Fortaleza 4: Saber escuchar**
> Filtras información, actitudes y necesidades de lo que las personas te dicen, estableces un diálogo.
>
> **Fortaleza 5: Calma**
> La calma interior es la base de la concentración, la relajación, la claridad y la sustancia.

Fortaleza 6: Pensamiento analítico
Planificas y estructuras, subdivides temas complejos y extraes información, soluciones y enfoques de ellos de forma significativa.

Fortaleza 7: Independencia
Eres capaz de estar solo, de ser autosuficiente, de tener una existencia interior de acuerdo con tus principios, ~~desapegado de las opiniones de otras personas~~, sabes retirarte.

Fortaleza 8: Perseverancia
Persigues tus objetivos con paciencia y coherencia durante un largo período de tiempo a fin de conseguir un objetivo.

Fortaleza 9: Escribir (en vez de hablar)
Prefieres comunicarte por escrito.

Fortaleza 10: Empatía
Eres capaz de ponerte en la situación de la persona con la que hablas, de evitar el conflicto en la medida de lo posible, poner por delante las cualidades y los intereses compartidos, estás dispuesto a llegar a un compromiso, te comunicas con diplomacia.

Fortaleza 1: Prudencia

El intercambio considerado de opiniones es una muestra de respeto

A primera vista, la prudencia no parece una fortaleza especial con respecto a la comunicación. Pero las primeras impresiones pueden ser erróneas: las personas prudentes son consideradas en el trato con los demás, en vez de actuar con dureza y rotundidad. Tratan a los demás con comprensión, tacto y respeto y no adoptan posturas inflexibles.

Como ya sabes, la diferencia en el equipamiento neurobiológico de introvertidos y extrovertidos implica que los extrovertidos tenderán a trabajar en pos de las recompensas, mientras que es más probable que a los introvertidos les preocupe la seguridad. La prudencia como fortaleza es una consecuencia positiva de esta búsqueda de la seguridad: las personas reservadas observan y piensan antes de correr riesgos, si es que los llegan a correr...

Pero los riesgos y las aventuras no solo nos aguardan en forma de *puenting* e inversiones, sino también en la comunicación. Las personas prudentes prefieren actuar sin comparaciones arriesgadas, sugerencias agresivas, ideas súbitas o incluso ataques frontales. Cuando tratan con otras personas, les importan dos cosas: en primer lugar, les gusta mantener una distancia prudencial. No tienen tendencia a contar demasiado de sí mismas a la ligera. Se reservan para los buenos amigos lo que les motiva, lo que es importante para ellas y lo que les entusiasma. A su vez, también se comportan de forma respetuosa y, al comienzo, les gusta mantener las distancias. En segundo lugar, las personas prudentes no dicen nada a bote pronto o sin pensar ni toman decisiones precipitadas, basándose en una corazonada. Son más exigentes consigo mismas: les gustan concebir y analizar con detenimiento sus ideas antes de verbalizarlas. Además, tienden a tener en poca consideración las frases irreflexivas de otras personas.

Cuando la prudencia se transforma en miedo

La otra cara de la moneda de la prudencia es la reticencia calculada con la que las personas reservadas transmiten información sobre ellas mismas o el entusiasmo acerca de algo. Una persona extrovertida que trate con ellas podría considerarlo distanciamiento o indiferencia. En casos extremos, la prudencia se transforma en miedo y, como tal, en un obstáculo. Al comienzo del siguiente capítulo abordaremos este tema.

Sin embargo, las personas que participan en una conversación podrían empezar a sentirse bien acerca de la prudencia de su interlocutor: les hará sentir que se les toma en serio y que no están bajo presión. Lo que una persona reservada dice con cautela no es categórico y sí tiene sustancia, lo cual nos conduce directamente a la fortaleza 2.

Fortaleza 2: Sustancia

Comunicación con un elemento de profundidad

Las personas introvertidas procesan impresiones de manera constante. Les importa en todo momento lo que ven, piensan y experimentan. Reflexionan a lo largo de la jornada laboral: acerca de sí mismas y los demás, también sobre el sentido y el significado, sobre lo que debería ser y lo que es. Esta actividad en segundo plano típica de una mente introvertida, lo cual es una de las mejores consecuencias de esta forma de ser, lleva a una acumulación importante de sustancia. Es decir, cuando las personas introvertidas se comunican, lo que transmiten a los demás suele ser profundo; normalmente lo que dicen ha pasado por una prueba mental concienzuda y por una fase de filtrado, incluida una reflexión acerca de su importancia, precisión y pertinencia, y el trasfondo que tiene. Por eso las cosas que los introvertidos dicen suelen ser especialmente significativas, profundas y valiosas, en eso consiste la sustancia.

Una preferencia por las amistades verdaderas y profundas

La sustancia también resulta crucial para tratar con otras personas: en los eventos sociales a las personas con sustancia les parecerá más agradable y que vale más la pena entablar conversaciones genuinas con unas pocas personas en vez de conocer a mucha gente de forma superficial. Les interesará más el contenido de una frase y la forma que como el contenido se formula y presenta. Pueden entablar amistades profundas y verdaderas que les durarán toda la vida y, aunque no abunden, serán más importantes para ellas que un círculo amplio de conocidos pero de menos confianza.

La impresión de pasividad

Sin embargo, la sustancia presenta una desventaja: como tantas cosas buenas, tarda en madurar. Es decir, las personas con sustancia suelen resultar demasiado lentas en una situación en la que haya que comunicarse con rapidez porque necesitan tiempo para procesar cosas en su cabeza y conseguir la profundidad que desean. Resulta especialmente relevante cuando hay que calibrar una situación o se produce una controversia. Por consiguiente, a menudo a las personas con sustancia se las ve como pasivas o lentas porque la actividad intensa de su cabeza no resulta visible.

Por eso a las personas con sustancia raras veces les importa hacer hincapié en el estatus y las conversaciones triviales, e incluso son ajenos a algunas de ellas. Esta actitud supone una ventaja para las personas reservadas en muchas situaciones, por ejemplo, en una buena conversación o en un debate académico, al leer artículos filosóficos o en reuniones donde hay problemas que resolver.

Fortaleza 3: Concentración

Crecer a base de concentración

Muchas personas reservadas tienen el don de la concentración. Son capaces de centrarse en una materia mucho tiempo dedicándole toda su atención, lo cual tiene fácil explicación. A diferencia de los extrovertidos, los introvertidos necesitan menos *feedback* y menos estímulos externos. Las consecuencias beneficiosas de la concentración profunda son muchas y variadas: las personas con una alta capacidad de concentración hacen lo que tienen que hacer con mayor facilidad y mejor que las personas que se distraen fácilmente. Aquello en lo que se concentren crecerá con toda probabilidad. Nikolaus Enkelman, maestro de la comunicación en el pasado, postuló este viejo principio de crecimiento como uno de los 14 principios del desarrollo vital: la ley de la concentración.

La concentración contribuye a tener una presencia fuerte

Las personas que se concentran tratan el asunto que tengan entre manos con toda su fuerza y atención. Esto significa que irradian una intensidad que las convierte en presencias poderosas, capaces de impresionar sobremanera a sus interlocutores. Se aprecia, por ejemplo, en las conferencias donde las personas reservadas emplean los recursos que las caracterizan para cautivar al público. Así pues, como persona introvertida, no hace falta que seas el centro de atención. Tampoco es necesario ocupar una posición central para comunicar, ni a una multitud de oyentes. Este hecho tiene consecuencias agradables para tus interlocutores: pueden conectar contigo y prestarte la debida atención. La atención es una moneda valiosa en las relaciones sociales, a nadie le gusta pasar inadvertido. ¡Menudo capital para quienes saben concentrarse!

En los eventos sociales, cualquiera que sepa dar espacio real a otras personas cuando se comunican mantendrá muchas buenas conversaciones que mejorarán todavía más gracias a la fortaleza 2, sustancia. Y la siguiente fortaleza también resulta de gran ayuda...

Fortaleza 4: Saber escuchar

Monólogos en vez de diálogo verdadero

Probablemente, saber escuchar sea unas de las habilidades más infravaloradas de las relaciones humanas. Te darás cuenta si escuchas las conversaciones típicas, sobre todo cuando hablan los extrovertidos, que el diálogo no es más que una serie de monólogos: mientras una persona dice algo, la otra decide qué decir, en vez de escuchar con atención. Pero cuando se intercambian opiniones, saber escuchar da una verdadera oportunidad de establecer un diálogo genuino en el que las personas que hablan realmente tratan lo que se está diciendo, de forma que para cuando termina la conversación han escuchado y captado el punto de vista del interlocutor.

Ventaja de introvertido: escucha verdadera
Muchas personas reservadas son mucho mejores como oyentes que la mayoría del resto de la gente. Captan la información como observadoras y procesadoras natas de las impresiones transmitidas, y las analizan en sus pensamientos posteriores así como en sus respuestas. Saben cómo filtrar la esencia de lo que se dice: ¿qué reviste importancia para la otra persona? ¿Cuál es la información relevante? ¿Cómo encaja todo? Así pues, la verdadera escucha es un proceso activo e intenso que queda todavía más realzado por la fortaleza 3: la concentración.

La fortaleza de saber escuchar resulta muy valiosa para la persona que es escuchada: cuando eres «todo oídos», le dedicas toda tu atención. Resulta positivo para todo el mundo y obra maravillas, desde entablar relaciones en un ambiente de negociación a la resolución de conflictos.

Fortaleza 5: Calma

La importancia de la calma interior y exterior

La calma tiene dos vertientes. La *calma exterior* es la ausencia de estímulos externos, mientras que la *calma interior* es un estado mental. Ambos aspectos ayudan a las personas introvertidas cuando se comunican pero, en un sentido estricto, solo la calma interior puede considerarse una fortaleza personal. De todos modos, la calma exterior resulta tan importante para las personas introvertidas que merece especial atención.

Calma exterior

Todas las personas introvertidas saben que la calma exterior les beneficia cuando quieren trabajar duro o necesitan una nueva fuente de energía.

Reponer energías de forma calmada

Te encierras en ti mismo para reflexionar o después de situaciones cansadas para recuperar fuerzas. En los países más afines a la introversión como Japón, se considera una muestra de cortesía dejar espacio para el silencio mutuo, incluso durante una conversación. Los comunicadores profesionales recomiendan guardar silencio a propósito en ciertas situaciones. Para los introvertidos en concreto puede resultar un recurso retórico poderoso, en las conversaciones triviales, por ejemplo (véase capítulo 6), o cuando se negocia (véase capítulo 7). Lo bueno de la calma exterior es la falta de inquietud. Permite procesar la información al tiempo que favorece la calma interior. Una persona reservada que no tiene la posibilidad de disfrutar de un poco de paz en un entorno relajante enseguida nota las consecuencias: tensión, irritabilidad y agotamiento son síntomas típicos.

La calma es saludable

La paz exterior es un factor que contribuye de forma significativa a nuestro bienestar. Un estudio finlandés a largo plazo sobre la cardiopatía (*Estudio sobre el riesgo cardiovascular en jóvenes finlandeses*) puso de manifiesto que las mujeres que son sensibles al ruido tienden a morir más jóvenes: resulta claro que existe un vínculo entre el estrés acústico y el estrés físico en general, en forma de aumento de ritmo cardiaco y presión sanguínea y en la propensión al derrame cerebral y ataque cardiaco. Resulta un hallazgo importante porque las personas introvertidas suelen ser sensibles al ruido. No solo resulta agradable asegurar que se dispone de fases de quietud largas, sino que también es saludable. Lo que no queda claro es si las ventajas se manifiestan igual en los introvertidos que en los extrovertidos.

Carl Gustav Jung también señaló que da la impresión de que los introvertidos necesitan menos impresiones nuevas que los extrovertidos. Por eso a muchos introvertidos la calma exterior les resulta agradable, independientemente de la ventaja de recuperar energía: su «vida interior» muy activa les ofrece suficiente estímulo y no se distraen con el mundo que les rodea. Así tienen más espacio para reflexionar y procesar sus experiencias. La calma de los introvertidos resulta valiosa para los extrovertidos porque las personas reservadas les animan a prestar atención a ellos mismos y a sus necesidades y a pensar antes de actuar. Así pues, la capacidad de crear calma exterior debe verse como una fortaleza.

Calma interior

La vía hacia la claridad
Pero la calma es mucho más que la ausencia de molestias externas. También es, tal como demuestran muchos milenios de tradición espiritual, la única vía hacia la claridad: sobre nosotros, sobre los demás, sobre la vida. Pero también nos referimos a otro tipo de calma: la *calma interior*, estado que provoca cambios mensurables en el cerebro.

Paz interior a través de la meditación
Esto es precisamente lo que se observa en las personas que meditan con regularidad: los estudios neurológicos (como el de Andrew Newberg y Eugene d'Aquili) demostraron que durante la meditación las zonas del cerebro relacionadas con la felicidad, paz interior y dependencia del ego del mundo que nos rodea están más activas. Al mismo tiempo, cuando una persona medita dirige menos energía a las zonas que activan la agresividad, la necesidad de huir o el comportamiento compulsivo.

> Calma interior significa claridad, una visión positiva del mundo y concentración.

Otra consecuencia importante es una buena noticia para las personas introvertidas: la meditación mejora nuestra capacidad de distinguir entre las molestias importantes y las irrelevantes. Esto significa que el cerebro funciona de forma más eficaz en general porque puede reducir su actividad total y, por lo tanto, tiene que consumir menos energía. Al mismo tiempo, es capaz de concentrarse mejor en tareas importantes. Es decir, debería considerarse que las fortalezas 3 y 5 están relacionadas entre sí: mayor calma implica más concentración.

El éxito a través de una mejor combinación de las fortalezas

Menos energía y más concentración, no se trata de una contradicción. En su libro sobre el silencio, George Prochnik (2010) compara esta supuesta contradicción con un atleta de élite cuyas pulsaciones son inferiores que las de una persona que practica deporte de forma ocasional, pero que consigue mejores marcas en las competiciones porque es capaz de combinar sus fortalezas de forma resuelta y rápidamente aumenta o reduce el aporte de energía.

> Las fortalezas de la concentración y la paz interior están relacionadas.

La paz interior relaja a las personas, al igual que el entorno. La velocidad a la que hablan, las pausas y la reflexión conjunta introducen la calma en la interacción con otras personas. Esto implica que en una conversación trivial, por ejemplo, en una discusión acalorada o en una negociación, el ambiente puede ser más bien agradable, por lo que se evitará cierto nivel de estrés.

Fortaleza 6: Pensamiento analítico

Más distancia del mundo exterior

Las personas reservadas no poseen el monopolio del pensamiento analítico, pero muchas de ellas llegan muy alto en este ámbito. El flujo constante de sus procesos interiores coloca a los introvertidos a una mayor distancia de su mundo exterior que a sus contemporáneos extrovertidos: filtran y procesan continuamente, y también reflexionan durante más tiempo y de forma más cuidadosa que los extrovertidos, es decir, con concentración y perseverancia (fortalezas 3 y 8).

Dominio de la zona derecha o izquierda en el cerebro

Existe un grupo concreto de personas reservadas que parecen estar especialmente dotadas para el análisis. Es un buen punto en el que introducir una subdivisión que utilizó Olsen Laney por vez primera en 2002 en su libro a fin de aclarar la diferencia entre distintos tipos de personas introvertidas. Es igualmente cierto tanto para introvertidos como para extrovertidos que o el hemisferio derecho o el izquierdo del córtex cerebral es más pronunciado que el otro y, por lo tanto, hay personas en las que domina más el izquierdo que el derecho y viceversa. El córtex derecho es el que regula la intuición y el pensamiento gráfico, mientras que el córtex izquierdo se dedica a habilidades para procesar textos, números y conexiones lógicas. A continuación encontrarás un resumen que te ayudará a decidir qué lado domina en ti.

 ¿Qué lado domina en tu cerebro?

El córtex izquierdo	El córtex derecho
Coordina la mitad derecha del cuerpo	Coordina la mitad izquierda del cuerpo
Procesa el impacto de unidades individuales de información	Conecta unidades individuales de información para crear una imagen general
Decodifica el lenguaje hablado y escrito	Decodifica las emociones, las ideas y las señales del lenguaje corporal
Es donde se ubica el pensamiento lógico y la resolución de problemas basada en hechos	Es donde se ubica el pensamiento intuitivo y la empatía
Procesa los números, las cantidades y los cálculos	Procesa las imágenes, los patrones, las formas y las perspectivas espaciales
Participa en asuntos científicos	Participa en la expresión artística, es decir, en el ámbito teatral, musical y pictórico
Procesa información de forma secuencial (lineal)	Procesa unidades de información a la vez, en un plano general

Esta presentación está un tanto simplificada: tanto el hemisferio derecho como el izquierdo del cerebro participan en la mayoría de las actividades, pero este resumen muestra las regiones más específicas de cada actividad.

Los introvertidos con predominio del hemisferio derecho

Las personas reservadas en las que domina el córtex cerebral derecho tienden a procesar la información de forma subjetiva e intuitiva, más bien como «corazonada». Suelen tener talento artístico, reaccionan de forma más emocional que las que tienen un predominio del hemisferio izquierdo y se les da bien la improvisación. Lidiar con ciertas situaciones en las que tienen que abordar distintos retos al mismo tiempo les resulta más fácil que a las personas con predominio del hemisferio izquierdo.

Los introvertidos con predominio del hemisferio izquierdo

Según Olsen Laney, *las personas reservadas en las que domina el córtex cerebral izquierdo* se acercan más al estereotipo de introvertido: precisan menos contactos sociales y tienden a centrarse en el objeto y la teoría, lo cual les permite distanciarse de su entorno hasta cierto punto, ¡una buena base para el pensamiento analítico! Los introvertidos en los que predomina la parte izquierda del cerebro mantienen su mente y su entorno limpios y tienden a decidir basándose en la razón en vez de seguir sus emociones. Se abruman antes por el exceso de demandas simultáneas que los del «cerebro derecho» y abordan de forma sistemática una cosa después de la otra. Están especialmente dotados para el pensamiento analítico.

> La fortaleza del pensamiento analítico es un plus del que gozan los introvertidos con predominio del hemisferio izquierdo en particular.

Ventajas para los pensadores analíticos

Las personas que piensan de forma analítica llegan al fondo de las cosas. Sus fortalezas se manifiestan en la investigación, la comparación y la exploración. Son capaces de descomponer situaciones complejas en elementos individuales y establecer categorías, que usan luego como base para desarrollar estrategias para lo que tienen que decir o hacer. También alcanzan posturas en conversaciones, enfoques a soluciones o medidas que hay que tomar del mismo modo. Los pensadores analíticos son excelentes planificadores y se les da bien procesar materiales escritos, aunque incluyan muchos números.

El pensamiento analítico resulta muy valioso en ámbitos que exigen información precisa, teorizar y categorizar nuevas perspectivas, como por ejemplo en el mundo académico, control de las cosas y en todos los ámbitos en los que la resolución de problemas es importante: medicina, TIC o en el manejo de tecnología peligrosa.

Emplear el análisis riguroso para evitar el exceso de estimulación

El análisis riguroso también resulta útil para imponer una estructura en situaciones confusas y puede, hasta cierto punto —lo cual resulta especialmente importante para las personas en las que predomina el hemisferio izquierdo—, prevenir el exceso de estimulación (descrito como el obstáculo 3 en el capítulo siguiente). Si en una reunión se produce una pelea, los pensadores analíticos pueden plantearse: ¿cuál es aquí la información importante? ¿Quién representa cada punto de vista? En primer lugar, esta actitud abre vías por entre la avalancha de impresiones y asegura el distanciamiento interno de la situación en sí. Ambos enfoques reducen sobremanera la carga, sobre todo para los introvertidos más sensibles.

Fortaleza 7: Independencia

Las personas introvertidas difieren de las extrovertidas en un aspecto esencial: tal como hemos visto en el capítulo 1, son menos dependientes de las respuestas de otras personas y de las impresiones de su entorno. En general, esto hace que sean más independientes.

Contentos de estar solos

La independencia se pone de manifiesto sobre todo en el hecho de que a las personas reservadas no les cuesta estar solas y, de hecho, necesitan estarlo para recargar las pilas. A las personas independientes les preocupa menos lo que piensan los demás, y les cuesta menos decir y hacer lo que consideran correcto e importante. (Esto se aplica hasta cierto punto a las personas introvertidas en las que domina el hemisferio derecho —véase la explicación de la fortaleza 6—, porque responden de forma más emotiva al entorno.)

La introvertida actriz británica Tilda Swinton es un buen ejemplo de ello: está casada con un pintor y escritor mayor que ella y ha tenido gemelos con él, pero tiene otra relación con un artista más joven y en las entrevistas dice que su idea de felicidad sería dormir seis meses en su propia cama.

Así pues, la independencia significa autosuficiencia y libertad interior. Proporciona la capacidad de asumir responsabilidades para uno mismo y de tomar decisiones sin buscar constantemente la reafirmación de los demás. La otra cara de la moneda es que esto puede mermar la comunicación, la capacidad de convivir con otras personas y el trabajo en grupo.

La capacidad de ser desprendido

He reservado lo que quizá sea la mayor manifestación de independencia hasta el final: la capacidad de despreocuparse de uno mismo. En el caso de una persona madura e independiente, los actos no vienen determinados por la vanidad personal, la ambición o el ansia de reconocimiento. Hay otros aspectos más importantes: la cuestión en general, las cosas valiosas e importantes (fortaleza 2: sustancia) u otras personas y sus necesidades (fortaleza 10: empatía). Resulta interesante que la capacidad de ser desprendido solo pueda derivar de la *confianza* sana en uno mismo.

Fortaleza 8: Perseverancia

Tenacidad tras un objetivo

La perseverancia es la capacidad de «insistir» en una situación o idea, incluso aunque el éxito tarde en llegar o haya resistencia. Esta cualidad difiere de la fijación (que aparecerá más adelante como un obstáculo): la fijación demuestra falta de flexibilidad, lo cual implica que la persona en cuestión no cambiará de postura cuando se comunica. La fortaleza que aquí se presenta es básicamente la paciencia con un objetivo en mente.

Las personas reservadas también perseveran en su forma de trabajar: tienen más probabilidades que la media de ser exhaustivas y estar dispuestas a enfrentarse a retos complicados. No se dan por vencidas, son sumamente concienzudas y no se distraen con tanta facilidad como las extrovertidas, que son más propensas a distraerse con algún estímulo externo.

Más aguante para una mayor capacidad

Esta fortaleza hace que resulte más fácil planificar y entablar conversaciones y negociaciones importantes. Hace que parezca más fácil decidir cuándo vale la pena mantenerse en sus trece y cuándo hay margen de maniobra. Se trata de una fortaleza que conduce al tipo de aguante con el que muchos extrovertidos no pueden sino soñar, por lo que ofrece una vía para un rendimiento absolutamente óptimo: de acuerdo con las conclusiones de las investigaciones del psicólogo Anders Ericson se necesitan 10.000 horas de práctica dedicada en cualquier ámbito para alcanzar un rendimiento idóneo (citado en Cain, 2000).

El ejemplo de Marie Curie

Un modelo de perseverancia a seguir es Marie Curie, galardonada con dos premios Nobel (1903: Física y 1911: Química). Se dedicó a la ciencia a edad temprana a pesar de tener que salvar muchos obstáculos. No la aceptaron en la Universidad de Varsovia, por lo que fue a estudiar a Francia. Sufragó sus primeras investigaciones dando clases en una escuela femenina, y su trabajo pionero en el campo de la radioactividad exigía la repetición de ciertos experimentos cientos de veces. La perseverancia parece ser un prerrequisito importante para los logros extraordinarios.

Fortaleza 9: Escribir (en vez de hablar)

El medio favorito de los introvertidos

Muchas personas reservadas prefieren comunicarse por escrito, ya sea para ellas mismas (por ejemplo, a través de un diario, agenda semanal, proyecto de libro) o con otras personas (por ejemplo, sms, correo electrónico, carta, blog, red en línea). Mientras sopesan sus pensamientos y los expresan en palabras antes de comunicarlos, escribir parece un buen sistema para expresarlo. Además, la escritura sigue un ritmo personal: la palabra escrita enlentece la comunicación e implica que no tienen que responder al ritmo de un interlocutor. Así pues, cuando las personas escriben, pueden ir a su paso.

Las redes sociales (como Twitter, Facebook, foros en línea y chats) necesitan capítulo aparte. Muchas personas reservadas valoran este sistema para establecer contactos porque la comunicación se produce por escrito, lo cual garantiza cierta distancia. En el capítulo 6 encontrarás más información sobre esta forma de establecer redes.

Ventajas de la comunicación escrita

Las personas que prefieren escribir a hablar también gozan de otras posibilidades. Las palabras pueden formularse y sopesarse con mayor precisión en un mensaje de correo electrónico que en una llamada de teléfono. El resumen escrito de un proyecto en la intranet implica que todos los miembros del equipo ven cómo está la situación y la van actualizando a medida que deseen. Un informe de progreso de un proyecto corto acerca de los objetivos planteados puede resultar más útil que un informe en una reunión. Las reuniones y los debates de un grupo pueden planificarse con palabras clave e informes cortos por escrito. Así, las personas introvertidas que prefieren la palabra escrita pueden participar en el grupo sintiéndose más seguras: han reflexionado acerca de lo esencial y lo han anotado para acordarse.

Solo debe cumplirse una condición: la comunicación por escrito debe resultar apropiada para la situación, y no servir para evitar el intercambio directo de opiniones.

Fortaleza 10: Empatía

Fortaleza intuitiva

Las personas con empatía están en situación de sintonizar con las personas con las que se comunican, lo cual se realiza a través de una fortaleza intuitiva en vez de empleando estrategias concretas. Les resulta fácil discernir qué motiva a otras personas, y así decidir qué les importa y lo que se necesita. Esta capacidad de ponerse en el lugar de otra persona también se denomina empatía. Las personas en las que domina el hemisferio derecho y las introvertidas que son muy sensibles tienen más probabilidades de tener esta fortaleza que las personas en las que domina el hemisferio izquierdo. Esta distinción cortical se explica en las notas de la fortaleza 6.

Las neuronas espejo posibilitan la empatía

Los neurobiólogos han demostrado que las llamadas «neuronas espejo» del cerebro humano son las artífices de la empatía. Por supuesto, tanto los introvertidos como los extrovertidos las poseen. Así pues, ¿por qué es la empatía una fortaleza de los introvertidos? Tal como sucede con la fortaleza 7, independencia, la respuesta radica en una característica típica de los introvertidos: a diferencia de los extrovertidos, necesitan menos confirmación y reafirmación de sus coetáneos. También les importa menos si pueden compararse con sus homólogos con respecto al estatus, o si son igual de interesantes y exitosos. A cambio, la mayoría de las personas reservadas poseen un «árbitro» interno, a quien consultan constantemente. Esta independencia de otras personas, combinada con una tendencia a analizar y categorizar, da a los introvertidos una gran amplitud de miras para prestar atención a otras personas, con todas sus características y necesidades. Acto seguido pueden aprovechar esa perspicacia cuando se comunican. Las consecuencias son positivas: con lo que sienten y dicen tratan a su interlocutor como una verdadera persona.

Ganarse la confianza a través de la empatía

La empatía se apoya en otra cualidad propia de las personas reservadas: la tendencia a prestar atención a su entorno y a procesar las impresiones bien obtenidas. A las personas reservadas y empáticas les resulta fácil ganarse la confianza de los demás. Si también poseen sustancia (fortaleza 2) y saben escuchar (fortaleza 4) pueden ser compañeros y contactos muy valiosos, también para las personas extrovertidas, que se sienten cómodas, aceptadas y aliviadas por ellas. Cualquier persona que durante una negociación demuestre capacidad analítica (fortaleza 6) junto con empatía puede resultar sencillamente irresistible.

Asimismo, las personas empáticas son quienes ven posibles compromisos y pueden sugerirlos con diplomacia, dado que no están obsesionadas por una única serie de intereses sino que ven todos los lados y tienen en cuenta también los factores éticos. Saben que el mundo no gira a su alrededor. Las personas empáticas causan pocos conflictos con sus actos porque prestan atención a otras personas y buscan soluciones junto con ellas. También son menos agresivas, entienden con claridad hasta qué punto el comportamiento agresivo genera estrés.

La capacidad de ser empático puede verse reducida por el miedo o el exceso de estímulo (véanse obstáculos 1 y 2 del capítulo 3).

¿Cuáles son tus fortalezas?

Estimar tus fortalezas

Las personas reservadas, tal como se mencionó en el comienzo de este capítulo, son más propensas a ser autocríticas que a alardear de sus fortalezas. Ahora ya has visto qué fortalezas comparten muchas personas introvertidas. ¿Eres capaz de identificar también las tuyas? No te preocupes si no estás del todo seguro, es normal. Las siguientes tres preguntas están para ayudarte. Su objetivo es acallar la voz interior crítica y hacerte ver poco a poco cuáles son tus puntos fuertes.

> **?** **Tres preguntas para ti**
>
> 1. Piensa en un modelo a seguir que admires. ¿Qué fortalezas de esa persona admiras en concreto?
> 2. Piensa en una persona que te cae bien y que tienes en gran estima. Si preguntaras a esa persona cuáles son tus fortalezas, ¿qué respuesta daría?
> 3. ¿Qué fortalezas tienes? Incluye las respuestas a las preguntas 1 y 2 en la lista.
>
> Fortaleza 1: Prudencia
> Fortaleza 2: Sustancia
> Fortaleza 3: Concentración
> Fortaleza 4: Saber escuchar
> Fortaleza 5: Calma
> Fortaleza 6: Pensamiento analítico
> Fortaleza 7: Independencia
> Fortaleza 8: Perseverancia

Fortaleza 9: Escribir
Fortaleza 10: Empatía
Otra fortaleza: _____
Otra fortaleza: _____
Otra fortaleza: _____
En mí predomina:
El hemisferio izquierdo ❏   El hemisferio derecho ❏
Mis tres mayores fortalezas son:
1. _____
2. _____
3. _____

El modelo a seguir como figura con la que identificarse

¿Te has planteado por qué tenías que incluir las cualidades de un modelo a seguir de las preguntas 1 y 2 en tu perfil de fortalezas? El motivo es el siguiente: un modelo a seguir es una figura con la que te identificas. Cuando intentamos distinguir a esta figura, nuestro subconsciente busca cualidades que nos resulten importantes y valiosas. Así pues, una persona para quien un estatus elevado y el éxito financiero importen especialmente, tenderá a escoger a Rockefeller en vez de a la Madre Teresa de Calcuta (quien, por cierto, era introvertida) como modelo a seguir, y un apasionado de la ciencia escogerá a Einstein (introvertido) en vez de a Lady Gaga (que creo que no es introvertida, pero vete a saber...). Por eso es muy probable que hasta cierto punto compartas las cualidades de tu modelo a seguir.

Cultiva tus fortalezas

Analiza tus fortalezas y enorgullécete de lo que ves. El siguiente paso es prestar atención consciente a tus puntos fuertes, al fin y al cabo son tu mayor capital, tu tesoro particular. La psicología positiva aconseja basarte sobre todo en tus fortalezas y utilizarlas cuando desarrolles tu personalidad. Los tests de personalidad y sistemas como Strengths Finder o el perfil de Reiss también empiezan analizando los puntos fuertes de las personas. Conseguirás mucho más centrándote en tus fortalezas que esforzándote penosamente en tus debilidades, porque aprovecharás lo que te convierte en quien eres y lo que se te da bien. Te resultará más fácil tener éxito y también te hará más auténtico que si te dedicas a imitar las fortalezas de otras personas solventando tus debilidades. Desperdiciarás energía y obtendrás menos éxitos.

 Más preguntas para ti

Rememora tus días de colegio.
1. ¿Qué asignatura se te daba peor?
2. ¿Hasta qué punto podías mejorar a base de mucha preparación y esfuerzo?
3. Por otro lado, ¿adónde podías llegar con la misma preparación y esfuerzo en la asignatura que se te daba mejor?

Emplear tus fortalezas para comunicarte mejor

Muchas de las cosas que aprendemos en la escuela nos sirven para toda la vida: lo que no se nos da bien y no nos hace disfrutar nos proporcionará un éxito más bien reducido. Por eso es mejor desarrollar las fortalezas que acabas de identificar. El primer paso consiste en analizar con detenimiento cómo utilizas tus fortalezas de forma específica al comunicarte. No temas incluir fortalezas que no son tan marcadas como tus tres puntos principales. Al fin y al cabo, hablamos de tu potencial de desarrollo al tratar con otras personas. Los recuadros superiores te dan un ejemplo de cómo podría ser tu «cofre del tesoro» particular.

 ¿Cómo puedes emplear tus fortalezas?

Mi fortaleza:	Puedo emplear esta fortaleza cuando trate con otras personas:	Puedo emplear esta fortaleza especialmente bien en estas situaciones:
Sustancia:	Pasar las conversaciones a un plano más profundo	Cuando conozco bien a mi interlocutor, cuando el ambiente es tranquilo y relajado
_____	_____	_____
_____	_____	_____
_____	_____	_____
_____	_____	_____

Cuida de tu cofre del tesoro de fortalezas

Ahora te conoces mucho mejor. Cuida bien de tu cofre del tesoro de fortalezas: piensa antes de hablar con otras personas y ten presente que puedes contribuir a que la comunicación se desarrolle de forma satisfactoria. Organiza situaciones para aprovecharlas al máximo. Te prometo que realizarás un descubrimiento fantástico: si utilizas a propósito tus fortalezas de persona reservada, cambiarás la forma como te tratan los demás, aparte del hecho de que expresarás tus objetivos e intereses con mayor eficacia.

 Resumen de los puntos clave

- Las personas introvertidas poseen fortalezas típicas que te ayudan a tratar contigo mismo y con los demás y en las situaciones en las que tienes que abordar exigencias distintas.

- Las fortalezas son: prudencia, sustancia, concentración, saber escuchar, calma, pensamiento analítico (en el caso de los introvertidos en quienes predomina el hemisferio izquierdo), independencia, perseverancia, escribir y empatía.

- Desarrollar y emplear las fortalezas personales mejora la comunicación, al tiempo que permite vivir de forma auténtica.

3
Las necesidades de los introvertidos y sus obstáculos

La otra cara de la moneda

Esta sección es algo así como la otra cara de la moneda del capítulo anterior, que era una panorámica del baúl de los tesoros para la comunicación con el que están dotados las personas reservadas. Del mismo modo que no existe luz sin sombra, no hay tesoro sin precio que pagar. Cada fortaleza presenta un lado opuesto. La consecuencia de que el cerebro de un introvertido tenga fortalezas concretas es que haya otros ámbitos que estén menos desarrollados. O los puntos fuertes tienen trampas especiales capaces de obstruir la comunicación o incluso dañarla. ¡Nadie es perfecto!

Por ejemplo, la capacidad de introspección de las personas reservadas es una fortaleza con respecto a la concentración, sustancia y análisis; te las acabo de presentar junto con otras fortalezas en el capítulo anterior. El lado negativo de ser introspectivo son los ámbitos que se benefician de la orientación externa, como los estímulos derivados del contacto intensivo con muchas personas, o la capacidad de mostrar tus logros en el trabajo bajo el prisma correcto y enfrentarte a los conflictos de forma activa.

Ser consciente de tus puntos de presión

Sin embargo, palabras como debilidad y obstáculos se quedan cortas como términos útiles. Todas las personas reservadas deberían conocer sus «puntos de presión» porque identifican sus necesidades específicas. Por ejemplo, la sobreestimulación exige un manejo inteligente de los recursos de energía personales. El temor al conflicto invita al tratamiento analítico de las situaciones tensas. Es decir, los obstáculos en forma de necesidades son indicadores destacados cuando se entabla comunicación a nivel personal.

En primer lugar, al igual que en el capítulo anterior, encontrarás un resumen con comentarios breves, esta vez de los puntos débiles y necesidades que hacen que las personas reservadas sean vulnerables al ataque.

 Resumen: obstáculos de los introvertidos

Obstáculo 1: Miedo
Reticencia e incertidumbre en el trato con otras personas.

Obstáculo 2: Demasiada atención al detalle
Ciertas partes específicas de la información impiden tener una visión de conjunto e identificar las prioridades.

Obstáculo 3: Exceso de estimulación
Demanda excesiva por culpa de demasiadas impresiones, o si estas son exageradamente ruidosas o rápidas.

Obstáculo 4: Pasividad
Falta de estímulos personales, estancamiento y perseverancia perjudicial.

Obstáculo 5: Evasión
Evitar situaciones y cosas que hay que hacer.

Obstáculo 6: Ser excesivamente cerebral
Olvidarse de los sentimientos.

Obstáculo 7: Autoengaño
Reprimir las características y necesidades propias de las personas introvertidas, o evaluarlas de forma negativa.

Obstáculo 8: Fijación
Falta de flexibilidad al comunicarse.

Obstáculo 9: Evitar el contacto
Evitar a las personas.

Obstáculo 10: Evitar el conflicto
Darse por vencido o aislarse bajo presión.

Obstáculo 1: Miedo

El miedo es un estímulo potente y también se ubica en la parte del cerebro más profunda y especialmente poderosa: el sistema límbico y la amígdala, desde donde puede acceder fácilmente al subconsciente. Vamos a profundizar más de lo habitual en este obstáculo porque es el que te puede bloquear con más frecuencia y persistencia.

Miedo oportuno y poco oportuno

El miedo no tiene por qué ser negativo. Si es oportuno,

evita que cometamos imprudencias, como saltar desde un trampolín a una piscina si no sabemos nadar. También nos protege de riesgos que no pueden sopesarse por completo, como saltar desde un lugar elevado con un flotador alrededor del tobillo como única protección. Es decir, el miedo es un salvavidas en las circunstancias adecuadas. Los mensajes que recibimos siguen una lógica: ¡No lo hagas! ¡No te muevas! ¡No llames la atención! ¡Cállate! ¡No asumas riesgos! Resulta muy evidente en las reuniones de trabajo: muchas personas se rigen por él.

> El miedo oportuno protege, el inoportuno bloquea.

Cuando el miedo bloquea

Esto nos lleva a las situaciones *poco oportunas*, donde el miedo se inmiscuye, nos inhibe e incluso bloquea, como cuando te da miedo hacer cosas que realmente son importantes y valiosas: dar un discurso, por ejemplo, hacer una sugerencia en la sesión plenaria de un congreso, durante una conversación en la que hay opiniones encontradas. Quizá pienses «hasta aquí muy bien», pero ¿acaso los introvertidos y los extrovertidos no sienten el miedo igual? El miedo es un rasgo humano general. La respuesta: sí y no. Por un lado, sí, el miedo es una emoción que forma parte de nuestro equipamiento humano básico y que compartimos todos. Por otro lado, no, da la impresión de que el miedo incide más en la comunicación en las personas que son más introspectivas que las extrovertidas. Es decir, el miedo tiende a evitar que las personas introvertidas traten de forma desinhibida a otras personas más que a las extrovertidas. Identifico tres razones para ello.

En primer lugar, en comparación con los extrovertidos, los introvertidos necesitan menos contacto exterior y más estímulos internos (el capítulo 1 incluye información sobre esto). Por este motivo, la necesidad de comunicación no puede contrarrestar lo suficiente la sensación de miedo y compensarla. Es distinto en el caso de los extrovertidos: recurrir a otras personas les resulta especialmente atractivo, lo cual les hace superar el miedo con más facilidad.

En segundo lugar, es posible que los introvertidos sean más susceptibles al miedo que los extrovertidos. El motivo de ello es que son especialmente capaces de especular: en conjunto, los introvertidos tienden a abordar sus emociones con más frecuencia porque tienen un nivel de actividad interna más elevado que los extrovertidos. El miedo puede tener un impacto igual de potente, de forma que la persona en cuestión no solo no acomete ciertas actividades, sino que prefiere evitarlas desde un buen principio.

En tercer lugar, los introvertidos están programados biológicamente hacia la seguridad (véase capítulo 1), lo cual implica que sus cerebros identifican los riesgos potenciales más rápido y de forma más clara, como consecuencia de lo cual el miedo se activa con facilidad. Si el miedo es tan intenso que domina la acción, provoca una cualidad que puede suponer una desventaja para las personas reservadas de forma permanente en su trato con los demás: la timidez.

Mirar el miedo a los ojos

Enfrentarse al miedo a propósito

Veamos, ¿cómo puedes en tanto que persona reservada evitar que el miedo te impida hacer cosas que consideras importantes? Es una gran pregunta. Encontrarás respuestas bien concretas en capítulos subsiguientes, relacionadas siempre con una situación concreta. Pero, fundamentalmente, hay una cosa cierta en todos los casos: lo puedes contrarrestar con otras partes del cerebro, las partes conscientes. Todas las estrategias aquí recomendadas tienen una cosa en común: ¡no evites tus miedos sino que haz todo lo contrario!

 Lidiar con el miedo: estrategias generales

Primera fase: sé plenamente consciente del miedo.
Los niños pequeños suelen tener miedo de que haya monstruos debajo de la cama. La primera fase es la terapia antimonstruos: la luz en el epicentro del miedo (es decir, apuntar con una linterna debajo de la cama) hace que los monstruos desaparezcan, y con ellos buena parte del miedo.

Segunda fase: fíjate en por qué lo que quieres hacer es importante, tan importante que quieras arriesgarte a pesar del miedo.
El segundo paso consiste en otorgarte el poder de decisión de forma consciente, y apartar este poder de tu miedo. El lugar que ocupa el miedo en tu cerebro teme especialmente el fracaso. Aquí decides hacer algo tan valioso que justifica el peligro de fracasar. Es la mejor manera de ampliar tu zona de confort: eres conscien-

te de tu miedo y, al mismo tiempo, asumes riesgos calculados que valen la pena porque tu objetivo es importante para ti.

Nombra tu miedo en voz alta

El mayor obstáculo es cambiar los hábitos. Cada cambio de hábito representa un trastorno para todos los cerebros, pero especialmente para los ansiosos. Dejar de transitar los caminos más trillados que te hacen reaccionar de forma automática resulta estresante y produce un resultado incierto ajeno a la experiencia habitual. Por eso es de suma importancia que actúes con un propósito en mente. Seth Godin recomendó medidas incluso más drásticas en su libro *¿Eres imprescindible?* Dice que cualquiera que diga en voz alta que tiene miedo, lo ahuyentará. Inténtalo, di: «Me da miedo dar la conferencia... porque tengo adversarios entre el público».

Establecer nuevas vías en la mente

Desde el punto de vista neurobiológico, esta segunda fase es la mejor estrategia posible: el córtex cerebral, la sede del pensamiento consciente, es capaz de aligerar el centro del miedo en el cerebro (la amígdala). Si eres capaz de ver por qué es tan importante aquello de lo que tienes miedo, entonces ayudas al cerebro a establecer nuevas vías. Una vez establecidas, no hace falta que el centro del miedo sea ya tan activo en el ámbito de acción en cuestión. En el caso de una conferencia, en vez de tenerle pánico, quizás apenas tengas cierta sensación de incomodidad.

Obstáculo 2: Demasiada atención al detalle

Fijarse demasiado en unidades específicas de información

Muchos introvertidos tienden a ver unidades específicas de información como el conjunto global. Esto conecta con su gran capacidad de análisis característica y, por consiguiente, se aplica especialmente a las personas reservadas con un predominio del hemisferio izquierdo (véase la explicación al respecto para la fortaleza 6 en el capítulo 2). Analizar significa descomponer el todo en sus distintas partes a fin de examinarlo en profundidad. El exceso de atención al detalle —fragmentación— es la cara opuesta de esta moneda: los observadores se pierden en el detalle en vez de construir una imagen general. Se pierde de vista lo que realmente importa.

Este obstáculo puede resultar útil en ciertas situaciones, por ejemplo cuando un auditor busca un error en un balance. Pero en las situaciones de comunicación la propensión al exceso de detalle suele implicar que un introvertido (quizá cuando conversa, participa en un debate o durante unas negociaciones) se enreda en minucias en vez de prestar atención al alcance completo del asunto en cuestión o en lo que necesita su interlocutor. Si se combina con el perfeccionismo, el exceso de atención al detalle puede conllevar fácilmente a la supervisión del más mínimo detalle y a la obsesión por el control, características ambas que son problemáticas para las personas que ocupan puestos de responsabilidad. El exceso de atención al detalle también puede convertirse en una trampa si se utilizan las conversaciones triviales como herramienta de *networking*. En el capítulo 6 verás qué puedes hacer para evitarlo.

Obstáculo 3: Exceso de estimulación

Demasiado - demasiado estresante

El exceso de estimulación implica que una situación te priva de energía debido a la diversidad de impresiones, lo cual puede suceder cuando recibes demasiados estímulos al mismo tiempo. Pero también puede deberse a que tu entorno es demasiado ruidoso, una gran cantidad de personas reservadas son sensibles al ruido y pierden la concentración si los niveles son demasiado elevados (nivel de sonido 3) y la relajación (nivel 5).

Demasiado rápido - demasiado estresante

Las prisas también provocan un exceso de estimulación si, por ejemplo alguien insiste en tomar decisiones rápidamente, en hablar más deprisa de lo habitual o en mostrar impaciencia a través del lenguaje corporal (golpetear con los dedos o con los pies, mirar el reloj con impaciencia). El exceso de estimulación cansa a las personas reservadas independientemente de la naturaleza de esta y puede ensombrecer los encuentros con otras personas. Es entonces cuando socializar resulta estresante. Por eso muchos introvertidos manejan su vida social con cuidado y son muy selectivos con respecto a esta y escogen esa clase de situaciones de forma muy selectiva.

El riesgo consiste en el hecho de que la perspectiva de exceso de estimulación hace que la gente reservada se muestre pasiva (obstáculo 4), esté ansiosa por desaparecer (obstáculo 5) y tienda a evitar el contacto social (obstáculo 9), todo lo cual va en detrimento de la comunicación. La presión deliberada durante las negociaciones, demasiada información que procesar en un evento social, una discusión ruidosa y agresiva o un público inquieto durante una conferencia puede anular una parte considerable de una buena preparación y reducir el impacto personal que podría tener la persona sobreestimulada.

Encontrar fuentes de energía - garantizar el descanso

Descansar para recargar pilas

Ya sabes que las personas reservadas no cargan pilas de igual modo que sus colegas extrovertidos. Necesitan tranquilidad, soledad y reflexión a fin de recuperar energía. Además, en comparación emplean más energía al comunicarse con otras personas, sobre todo en conversaciones triviales, en situaciones con una alta carga emocional como los conflictos y al interactuar con grupos numerosos. Pero un día normal con muchos «cambios súbitos» agota fácilmente a un introvertido. Aquí se incluyen interrupciones constantes, llamadas de teléfono, clientela de paso o incluso niños con sus ideas sorprendentes y estallidos repentinos.

Cualquiera que sea consciente de ello también sabe que

el descanso es una necesidad imperiosa y no negociable para las personas reservadas. Si se sacrifica en pos de plazos muy ajustados, tendrá un precio considerable, y sobre todo afectará a la situación en cuestión: los introvertidos sin posibilidad de estar solos se «bloquearán» si pierden demasiada energía. También participarán en menos conversaciones y debates y buscarán menos contacto en eventos sociales, dado que todo ello resulta un gran esfuerzo si no hay momentos de descanso.

Otras personas, que no siempre comprenden la necesidad de soledad, verán este tipo de comportamiento como distante, aburrido se mire como se mire. En un contexto profesional, las personas que necesitan distanciarse se consideran inaccesibles, incapaces de imponerse o incluso intelectualmente inferiores. Es obvio lo que esto puede implicar para una carrera profesional...

Formas de recuperar energía

Si las personas reservadas se resisten continuamente a la necesidad de estar solas, acabarán exhaustas. En el peor de los casos se «quemarán»: la sobreexplotación constante de los niveles de energía se cobra un precio elevado. ¡No dejes que llegue a ese punto! Evitarás tales problemas si reconoces que necesitas descanso. Aquí encontrarás las estrategias más importantes. En este capítulo se presentan de un modo muy general a propósito. En los capítulos temáticos de cada causa en concreto encontrarás ayuda específica.

> **!** **Gestión de la energía: estrategias generales**
>
> 1. **Analiza qué tipo de situaciones y qué personas te agotan especialmente.**
>   Reduce tales compromisos y encuentros el máximo posible. Planifica siempre el descanso desde un buen comienzo cuando tengas por delante una situación estresante o una reunión con personas que te estresan.
> 2. **Haz pausas a intervalos regulares; lo ideal es todos los días (durante al menos media hora), cada mes (medio día) y cada año (un fin de semana o una semana).**
>   Da igual hasta qué punto te alejas de la vida diaria: lo importante es que puedas distanciarte. Emplea el descanso para hacer algo que realmente te guste: soñar despierto, leer, hacer fotos, salir de paseo, idear teorías, observar el vuelo de un moscardón, hacer la siesta, meditar, resolver enigmas de Sudoku... ¡Lo que te convenga!
> 3. **Combina el ejercicio con el descanso.**
>   Descubre qué tipo de movimiento te aporta energía, y cuál te agota. A muchas personas reservadas les gustan los deportes que les permiten hacer pausas mientras los practican, como senderismo, *running*, ciclismo, natación, yoga o pilates. En el capítulo 4 encontrarás mis sugerencias acerca del deporte para introvertidos.

Obstáculo 4. Pasividad

La diferencia entre la calma y la pasividad

La calma está bien, pero la pasividad no tanto. La cuestión es que hay una diferencia crucial entre los dos términos: la calma (en el sentido del capítulo 5) siempre es una actitud interna básica que permite concentrarse y actuar con resolución. Sin embargo, la pasividad evoca un elemento de negación. Las personas pasivas se niegan a tomar la iniciativa y aprovechar los estímulos. Se sientan a esperar, sin fuerzas, desafiantes o inflexibles porque están en estado de *shock*, independientemente de la situación en la que se encuentren, y prefieren sufrir de forma considerable por culpa de ello en vez de intentar cambiar algo. Aquí se incluye el aburrimiento o incluso las malas relaciones.

Reforzar tu voz

La falta de fuerza suele detectarse en la voz: muchas personas reservadas hablan en voz baja, es decir a un volumen bajo y, sobre todo, con muy poco énfasis. Una voz baja y lenta puede causar una impresión de poder y superioridad si la entonación es enérgica. Pero una voz que es demasiado rápida o demasiado lenta y también baja y poco enfática no surte demasiado efecto en un intento de comunicación. Envía la señal de «soy demasiado débil» y así es como muchas otras personas (sobre todo extrovertidas) responden al escuchar: infravaloran lo que se está diciendo, no escuchan con atención o se muestran impacientes.

> Una voz baja, relativamente poco enfática puede destruir el efecto de lo que se está diciendo, por inteligente o importante que sea.

No dejes de responder cuando te ataquen

Las personas que prefieren no responder ante un ataque también son pasivas, esperan que no haciendo nada mejorarán la situación. Pero ese tipo de mejora raras veces se produce. Por el contrario, cualquiera que permita a otras personas saltarse los límites del respeto personal las invita a seguir haciéndolo.

Pero la pasividad puede tener sus motivos. Para las personas reservadas presenta algunos aspectos sumamente ventajosos y por eso les parece que tiene sentido: es cómodo, ayuda a evitar el exceso de estímulos (obstáculo 3) y por ello puede ser una bombilla de ahorro energético para los introvertidos. En el peor de los casos, esta forma de ahorrar energía puede conducir a una vida vivida en la reserva, de forma casi literal. Si otras personas actúan, deciden también sobre las personas pasivas o (cuando hay que tomar decisiones, por ejemplo, o dar un ascenso) quedan relegadas. Cuando otras personas ofrecen estímulos, las personas pasivas tienen que ponerse en marcha, o se quedan donde estaban. Esto resulta tan poco ventajoso para una carrera profesional como para las relaciones personales, por no hablar de la satisfacción personal. Las personas que permiten que otras decidan sobre su vida pierden la sensación de ser capaces de modelar y controlar su vida de forma fructífera. ¡Menudo precio hay que pagar! En el capítulo 6, que trata sobre cómo entablar contactos, encontrarás estrategias para abordar la pasividad.

Los introvertidos necesitan tiempo para reflexionar

Llegados a este punto es importante señalar otro malentendido. Como a las personas reservadas les gusta pensarse las cosas bien antes de decir algo (de ahí la fortaleza 2, sustancia), enseguida se les considera pasivas aunque en realidad no lo sean. Lo cierto es que los introvertidos necesitan más tiempo para digerir todas las impresiones y la información que han adquirido. Es típico de los extrovertidos no querer esperar demasiado una respuesta durante una conversación y siguen hablando porque ya no esperan respuesta. Como consecuencia de ello, llegan a esta conclusión, de forma consciente o inconsciente: su interlocutor introvertido debe de ser pasivo. No es el caso en esta situación. Lo que pasa es que la actividad verdadera —reflexionar, sopesar y formular— se produce de forma interna, y no se ve en acción. Si hablas por teléfono o cara a cara y necesitas tiempo para pensar, deberías decirlo. Aquí tienes varios ejemplos:

 Frases de muestra para ganar tiempo para pensar

«Deja que me lo piense un momento.»
«Sí, entiendo que es un asunto urgente. Me pondré en contacto contigo lo antes posible.»
«Has sacado un tema complicado. ¿Qué opinas de ello?»
«Espera un momento.»
«¿Puedo llamarte más tarde para hablar sobre el tema?»
«Me lo pensaré y te diré algo. ¿Te va bien mañana por la mañana?»

Sobre todo, haz lo que dices. Estas frases te dan tiempo para pensar, pero prometen algo que debe cumplirse: da tu opinión, propón algo y ¡muestra tu sustancia y la capacidad de análisis!

Obstáculo 5: Evasión

A diferencia de la pasividad, la evasión es una acción pero, desgraciadamente, lleva en la dirección equivocada. La evasión significa evitar mediante la retirada una situación que resulta demasiado problemática —como en el caso de la pasividad (obstáculo 4) por culpa del exceso de estimulación (obstáculo 3), pero también pueden causarla otros motivos. Con la evasión, la persona implicada busca una distracción o alejamiento en forma de actividad menos preocupante o un entorno distinto. Así se suprime la ansiedad, pero probablemente también lo que hay por hacer. Esto último se denomina procrastinación, es decir tendencia a postergar las cosas. La temida conferencia ante un público numeroso se suprime por la postergación constante de la idea de prepararla. No conciertas una reunión con el jefe para hablar de un aumento de sueldo porque tienes muchas cosas importantes por hacer.

A veces, la evasión es el recurso elegido para retener un poco de energía residual. Pero del mismo modo puede evitar que la persona implicada actúe de forma activa y logre sus objetivos. La fuerza subyacente a todo ello es el miedo o la pereza, que bloquean la comunicación significativa. En este caso el precio también es elevado: preparar un discurso en el último momento resulta sumamente estresante, sobre todo para una persona reservada que valora el tiempo para pensar. Y otros recibirán el aumento de sueldo...

Obstáculo 6: Ser excesivamente cerebral

Partamos de la base que es bueno darle vueltas a algo en la cabeza. Muchas personas reservadas son pensadores brillantes, capaces de conseguir cosas magníficas gracias a fortalezas como la sustancia, la calma y el pensamiento analítico.

Inconvenientes de pensar

Ser excesivamente cerebral como obstáculo representa el aspecto potencialmente negativo de pensar: se convierte en un problema cuando la mente deja de acceder a las emociones o las bloquea. Las personas reservadas limitan así su perspicacia, prestando escasa atención a su lado emocional y demasiado al racional. Ser excesivamente cerebral es igual de negativo cuando se trata con otras personas: las personas excesivamente cerebrales pasan por alto el mundo emocional de sus homólogos, no intentan pensar en su propio estado emocional y se limitan a los hechos cuando intercambian ideas.

No infravalores el factor de las relaciones

La comunicación puede tener consecuencias desafortunadas. Incluso en el trabajo el aspecto emocional de un intercambio de ideas no es más que una pequeña proporción de las impresiones que están en juego, ya sea durante unas negociaciones o una reunión, una conversación durante el almuerzo o una charla dirigida a un pequeño grupo de colegas. Algunos psicólogos de la comunicación otorgarían no más del 20 por ciento a esta proporción. Consideran que el 80 por ciento restante está formado por señales sobre las emociones y la forma como los participantes se relacionan entre sí.

¿Has llegado a la conclusión de que ser excesivamente cerebral es uno de tus obstáculos personales? En el capítulo 7, que trata sobre la negociación inteligente, descubrirás cómo actuar para que este rasgo no se interponga en tu camino.

Obstáculo 7: Autoengaño

Cuando las necesidades se reprimen

Se trata de un obstáculo especial: es la percepción que las personas introvertidas tienen de sí mismas en relación con el mundo que las rodea. El autoengaño o la abnegación significa que las personas reservadas o bien reprimen sus propias necesidades y rasgos o los perciben de forma negativa. Esto ocurre de manera especialmente frecuente cuando los introvertidos conviven con personas que son más bien extrovertidas. En primer lugar, puede tratarse de una cuestión cultural, como en Estados Unidos, donde la mayoría del comportamiento social es extrovertido. En una cultura ruidosa y de puertas afuera, las personas reservadas pueden acabar haciéndose a la idea, de forma directa o indirecta, de que algo pasa con ellas. Tal vez por eso la mayor parte de los libros sobre personalidades introvertidas se publican en Estados Unidos.

Autoalienación o alienación de otras personas

En el segundo caso, el autoengaño o la abnegación pueden producirse cuando una persona reservada representa una minoría en el seno de la familia o entre colegas porque la mayoría de los demás son extrovertidos. Estos introvertidos corren dos riesgos en tales circunstancias, tal como Laurie Helgoe (2008) señala en su libro: o bien *se alienan socialmente*, es decir, *de las personas que les rodean*, lo cual puede llevar a evitar el contacto hasta un punto exagerado (obstáculo 9) y que se tratará con más detalle más adelante en este capítulo. O que los introvertidos *se alienan de ellos mismos*. En nuestra opinión, esto es exactamente lo que significa la abnegación.

> Las personas reservadas que ven su introversión como una desviación del mundo que les rodea se arriesgan a sufrir alienación social o alienación de ellas mismas.

El autoengaño también adopta distintas manifestaciones. El comportamiento extrovertido puede convertirse en una medida de la buena comunicación para los flexiintrovertidos socialmente accesibles (explicado en el capítulo 1) si tienden hacia el autoengaño. Tendrán la impresión de que no están en situación de poner en práctica este comportamiento extrovertido de forma absoluta porque sí que pueden comportarse como las personas extrovertidas, pero no les resulta una experiencia igual de positiva. La abnegación les impide reconocer y prestar atención a sus necesidades como persona introvertida. Pero incluso un flexiintrovertido sigue siendo introvertido. Es cierto que les gusta tratar con gente igual que a los extrovertidos, pero de manera distinta...

Obstáculo 8: Fijación

Cuando la perseverancia se anquilosa
La fijación es la forma anquilosada de la perseverancia y conduce a un enfoque inamovible de la comunicación. A muchas personas reservadas que se encuentran con este obstáculo les resulta desagradable tener que abandonar su forma de proceder habitual, por ejemplo, si tienen que trabajar a horas intempestivas o lidiar con situaciones desconocidas en los viajes de negocios. La fijación puede aparecer en la comunicación en forma de discusión si las personas reservadas adoptan una postura rígida y prefieren fijarse más en los detalles que en la situación en general.

La flexibilidad es necesaria en las negociaciones
En situaciones en las que la flexibilidad reviste especial importancia, como por ejemplo en las negociaciones, la

fijación puede evitar reconocer criterios de decisión, enfoques para soluciones e impedir que tengamos presentes las necesidades de nuestro interlocutor. En el capítulo 7 encontrarás sugerencias de comportamiento en una situación como esta.

La fijación es una estrategia para ahorrar energía

Al igual que otros obstáculos de este capítulo, la fijación es, por encima de todo, una estrategia de ahorro de energía. La persona que casi siempre actúa del mismo modo tiene una especie de piloto automático interno que parece tomar decisiones de forma innecesaria. Los patrones de comportamiento y los rituales ocupan el lugar de las decisiones conscientes.

La ventaja de los rituales en la vida diaria

De todos modos, los rituales per se no tienen por qué ser negativos. También presentan ventajas en la comunicación: nos ayudan a reaccionar de forma adecuada y segura en ciertas situaciones y con una sensación de certeza. Un ejemplo del día a día: presentas a dos personas con quienes has dialogado en un contexto laboral. La situación te resultará más llevadera y la manejarás con más seguridad si sabes:
1. a quién presentas primero (del menos importante al más importante), y
2. qué información de interés puedes mencionar aparte del nombre y el cargo para que resulte más fácil entablar conversación, tal vez un interés común (por ejemplo: teatro, boxeo), trabajos similares (por ejem-

plo: enseñanza o gestión científica) o una nueva información positiva sobre una de las personas que estás presentando (por ejemplo, una condecoración reciente o un nuevo cargo).

Ser flexible dependiendo de la situación

Los rituales como presentar a dos personas facilitan la vida. Conllevan experiencia en el trato con otras personas y establecen una base estable, que te permite centrarte en otras cosas. Es distinto si un «piloto automático» como este te priva de flexibilidad al tratar con los demás, lo cual es importante en situaciones fuera de lo habitual.

Las personas que siempre reaccionan del mismo modo (por ejemplo, quedándose calladas o insistiendo en los detalles) como respuesta a un contratiempo concreto (por ejemplo, resistencia por parte de un interlocutor durante unas negociaciones) impiden que la comunicación tenga éxito por culpa de esta falta de flexibilidad. Además, hace que sus reacciones sean predecibles para los demás, incluidos aquellos que tengan algo contra ellos. Es fácil pulsar ciertas teclas a fin de obtener una reacción concreta. Y lo que resulta incluso peor es que ese es el precio que las personas reservadas pagan por su fijación: se privan del margen de maniobra y, por consiguiente, de la seguridad para gestionar una situación de forma proactiva y prestando atención a los factores importantes.

Obstáculo 9: Evitar el contacto

Motivos para evitar el contacto

Las personas reservadas suelen preferir tener una cantidad limitada de buenos amigos en vez de muchos conocidos superficiales. Nada que objetar. Pero cuanto más extrema sea su condición de persona introvertida en la escala introvertido-extrovertido, en mayor grado intentarán evitar a la gente porque les resulta trabajoso o molesto. Ahí es donde radica la dificultad. Las personas que evitan el contacto se aíslan del mundo exterior y evitan a los demás. Les basta con poder llevar a cabo sus actividades habituales en solitario (peligro adicional: fijación, véase obstáculo 8). Puede haber todo tipo de razones para ello: la persona en cuestión es difícil de tratar, el objetivo que se busca mediante el contacto es difícil de obtener, o la persona reservada se ha hartado ya del ajetreo que supone el contacto humano.

Evitar el aislamiento

Este enfoque implica que las personas reservadas se arriesgan a entrar en una situación extrema, la del aislamiento social. Tienen que valerse por ellas mismas, con todos sus pensamientos y emociones. Las consecuencias: los estímulos importantes así como las correcciones de otras personas brillan por su ausencia en su vida profesional y privada. Si se necesita trabajar en equipo y coordinarse con otras personas, la comunicación enseguida se resentirá, independientemente de que estén planificando unas vacaciones con la familia o llevar a cabo un proyecto laboral. Los demás enseguida ven a las personas que evitan el contacto como un poco «raras».

El ejemplo clásico de persona que evita el contacto es el esposo introvertido que se refugia en su estudio tras una larga jornada laboral y se pone a restaurar muebles o a construir maquetas de líneas de ferrocarril en vez de hablar con su esposa. El jefe introvertido se comporta de un modo similar: durante las celebraciones navideñas se retira a un rincón con su teléfono móvil como coartada para escapar del jolgorio general y, sobre todo, de los intentos caprichosos de sus colegas y compañeros de charlar de cualquier nimiedad.

Evadirse y evitar el contacto

La diferencia con respecto a evadirse (obstáculo 5) radica en el objetivo de la evitación. La persona que se evade evita cosas que habría que hacer o ciertas situaciones posponiéndolas o dedicándose a otra cosa. Pero la persona que evita el contacto intenta no implicarse con personas porque le parece trabajoso. Esta actitud puede tener consecuencias desagradables para las relaciones interpersonales, sobre todo cuando se combinan con el próximo obstáculo, el miedo al conflicto.

Las personas introvertidas alienadas socialmente (explicado más arriba bajo el obstáculo 7) pueden convertirse en especialistas en la evitación de contactos: se sienten incomprendidas y rechazadas por las personas que les rodean, lo cual puede tener un efecto considerable en la comunicación. En casos extremos, los introvertidos que evitan el contacto se convierten en solitarios amargados llenos de antipatía hacia otras personas.

Obstáculo 10: Evitar el conflicto

¿Los introvertidos son más pacíficos?
Hay un detalle importante que aparece una y otra vez en la literatura sobre las personas reservadas: incluso en su juventud, las personas introvertidas se involucran en menos conflictos que las extrovertidas. ¿Son más pacíficas? ¿O más propensas a la armonía? Creo que la razón se debe a otros motivos.

Por qué evitan el conflicto las personas introvertidas
Los conflictos forman parte de las relaciones humanas porque tenemos personalidades, deseos, objetivos e idiosincrasias distintos. Se producen en todas partes, pero aun así a la mayoría de las personas les cuesta lidiar con el conflicto: se requiere mucho tiempo para hablar sobre conflictos, resulta relativamente estresante y el resultado es predecible hasta cierto punto. Por consiguiente, la mayoría de las personas hablan de los conflictos solo cuando parece que vale la pena invertir energía en ellos. En esta situación, los extrovertidos y los introvertidos parecen tener formas distintas de evaluar las cosas: los introvertidos llegan antes a la conclusión de que abordar un conflicto podría resultar demasiado estresante. Además, como les preocupa mucho la seguridad, enseguida empiezan a preocuparse de que tal comunicación pudiera irse de las manos. Esto demuestra que el miedo (obstáculo 1) desempeña un papel importante en la resistencia al conflicto. Pero, para los extrovertidos que miran hacia fuera, el precio de invertir energía en la misma situación no es tan elevado y prefieren mostrar una

línea de resistencia dura en vez de regodearse en su frustración.

Las desventajas consiguientes son distintas para los dos tipos: cuando se esfuerzan para abordar los conflictos, las personas extrovertidas pueden implicarse de forma constante en batallas verbales en casos extremos, mientras que los introvertidos dormirán intranquilos por la noche, incapaces de conciliar el sueño porque están pensando en el conflicto que no quieren abordar, pero que de todos modos les inquieta sobremanera.

En el capítulo 7, el ejemplo de la negociación ofrecerá un caso específico de cómo abordar los conflictos de forma constructiva cuando surgen a raíz de una diferencia en las expectativas.

¿Cuáles son tus obstáculos personales?

Evaluar tus obstáculos

Al igual que en el capítulo anterior, donde analizaste las fortalezas que te son propias con más detalle, ahora vamos a poner tus obstáculo bajo una lupa. Para empezar, debes identificar los obstáculos que veas que te caracterizan.

? Plantéate:

¿Qué obstáculos de los introvertidos que has leído en este capítulo te caracterizan?

Obstáculo 1: Miedo
Obstáculo 2: Demasiada atención al detalle
Obstáculo 3: Exceso de estimulación
Obstáculo 4: Pasividad
Obstáculo 5: Evasión
Obstáculo 6: Ser excesivamente cerebral
Obstáculo 7: Autoengaño
Obstáculo 8: Fijación
Obstáculo 9: Evitar el contacto
Obstáculo 10: Evitar el conflicto

Mis tres mayores obstáculos son:
1. _____
2. _____
3. _____

Inferir tus necesidades a partir de los obstáculos con los que te enfrentas

Vayamos un paso más allá y utilicemos tus obstáculos para identificar tus necesidades: observa más abajo dónde eres especialmente consciente de cierto obstáculo y las consecuencias que tiene para ti. Luego plantéate la necesidad que subyace a ese obstáculo y cómo podrías abordar tal necesidad. Procura disponer de tiempo y sosiego suficientes para analizar estas cuestiones. Aquí también proporciono un ejemplo, para que veas cómo podría ser tu lista.

> **? ¿Cuáles son tus necesidades?**
>
> | Mi obstáculo | Soy especialmente consciente de ello en estas situaciones, con estas consecuencias: | Esto me demuestra que tengo estas necesidades y así es como puedo hacer algo al respecto: |
> |---|---|---|
> | Exceso de estimulación | En sociedad: demasiadas personas, demasiado ruido de fondo. Consecuencia: estrés, motivo por el que intento evitar situaciones como esa. | Prefiero hablar con una sola persona en un lugar tranquilo. En el futuro puedo planificar por adelantado con quién quiero hablar, y tal vez concertar una cita. Siempre puedo intentar encontrar «rincones tranquilos». |

Obstáculos que denotan necesidades

El ejercicio anterior te ha hecho tomar conciencia de una parte importante de ti mismo y ahora sabes más acerca de tus necesidades en las situaciones de comunicación.

Así pues, igual que puedes utilizar tu baúl de fortalezas, deberías emplear también tus obstáculos, como señales que indican tus necesidades a fin de que te sientas cómodo al tratar con otras personas. Muchos introvertidos descubren la relación entre sus fortalezas y sus obstáculos. Por ejemplo, la independencia como punto fuerte puede tener el miedo como contrapartida o el evitar el contacto. La prudencia y el miedo son hermanos, al igual que la tranquilidad y la pasividad, la concentración y el exceso de atención al detalle. Vuelve a analizar las notas del capítulo anterior: ¿ves alguna relación entre estos dos grupos de características?

> **? Otra pregunta para ti**
>
> ¿Cuáles de tus fortalezas y obstáculos te parecen relacionados?
>
> 1. _____ y _____
> 2. _____ y _____
> 3. _____ y _____

La cosa se pone más concreta en el resto del libro: el objetivo es moldear la forma como tratas con los demás para que aproveches tus fortalezas sin olvidar tus necesidades. En primer lugar vamos a echar un vistazo a tu entorno personal y profesional.

> **✱ Resumen de los puntos clave**
>
> - Igual que tienen fortalezas típicas, los introvertidos también tienen obstáculos característicos. Es importante ser conscientes de ellos para evitar que se conviertan en puntos débiles en ciertas situaciones o te compliquen la vida.
> - Al mismo tiempo, los obstáculos de las personas reservadas sirven para denotar sus necesidades.
> - Los obstáculos son: miedo, demasiada atención al detalle, exceso de estimulación, pasividad, evasión, ser excesivamente cerebral, autoengaño, fijación, evitar el contacto y evitar el conflicto.

SEGUNDA PARTE

Cómo ser feliz en la vida privada
y tener éxito profesional

4

Soy el rey de la casa: moldear tu espacio personal

Christine es analista en una empresa internacional. Tiene 34 años y ha llegado muy alto: ocupa un cargo de responsabilidad, se la valora por su experiencia y, gracias a su fiabilidad, en su departamento se la considera indispensable.

Christine lo da todo por el trabajo. El inconveniente es que, cuando llega a casa al final de la jornada, solo la espera el gato. De vez en cuando sale con un par de amigas y van en bicicleta o a tomar algo.

A Christine le gustaría tener pareja pero, como persona reservada que es, es reacia a buscar a alguien de forma activa. Tras una dura jornada laboral, le gusta relajarse y pocas veces se siente motivada para salir y hacer vida social. De vez en cuando mira los sitios de citas *online*, pero se muestra escéptica, al fin y al cabo, hay un montón de gente poco fiable en Internet. Le cuesta imaginar que pueda resultar atractiva para una posible pareja, como si fuera una especie de mercado. A pesar de ello, últimamente ha estado pensando cada vez más acerca de lo agradable que sería compartir su vida con alguien que tenga sus mismos intereses, alguien a quien importarle.

El círculo social más inmediato

Los introvertidos entre familia y amigos

Aunque nos ciñamos al tema de este libro —la comunicación—, la vida privada es un ámbito de gran trascendencia. Hay un montón de buenos libros sobre la soltería, la vida en pareja y la vida familiar. Este capítulo trata sobre las interacciones con la familia y amigos desde la perspectiva de una persona introvertida. En primer lugar, hay interacción con la pareja (si es el caso). También hay una sección dedicada a las personas solteras, y otra que trata con detalle las distintas necesidades de los niños introvertidos y de los extrovertidos, en la que se abordan estrategias apropiadas y amorosas para los padres. ¡Es aconsejable que leas los pasajes que resultan relevantes para tu vida actual!

Vivir con y sin pareja

Las personas que viven en pareja y las que no, ya sea por decisión propia o circunstancial, se enfrentan a distintos retos. Ambas formas de vida presentan ventajas y dificultades e, inevitablemente, es también el caso para las personas introvertidas. En ciertos sentidos vivir en pareja es más fácil y en otros más difícil. Por supuesto, resulta maravilloso vivir con alguien para quien eres importante, que te entiende y con quien haces cosas nuevas. Sin embargo, también puede resultar agotador que tu pareja tenga necesidades distintas de las tuyas y, por ello, tengas menos tiempo para ti. A lo largo de las páginas siguientes, trataremos sobre ambos tipos de vida pero empezaremos por el estado intermedio, el de buscar pareja, la parte que a Christine le resulta tan desalentadora.

Encontrar pareja

¡Lo que necesitas invertir para conseguirlo es energía!

Encontrar pareja supone un gran reto para las personas introvertidas, como es el caso de Christine. Al fin y al cabo, implica tomar la iniciativa y dar el primer paso, salir para conocer gente y profundizar en su conocimiento. Esto supone un gasto de energía y también implica que tienes que vencer tu propia resistencia a la idea. Sin embargo, si has decidido que preferirías vivir en pareja entonces valdría la pena que dieras ese paso para conseguir la vida que deseas. Si te encuentras en esa situación, en los siguientes apartados de este libro te invitaré a hacer algo que, en cualquier caso, no te hará ningún daño: sopesar con cuidado las posibles opciones y, a partir de ahí, elaborar un plan: ¡tu propio plan!

¿Una pareja introvertida o extrovertida?

Si buscas a una persona con la que congeniar, teniendo en cuenta lo que acabas de leer, debes responder a una pregunta importante: como persona introvertida que eres, ¿qué tipo de pareja prefieres: alguien introvertido o extrovertido?

Puedes responder diciendo que una persona es algo más que el lugar que ocupe en el continuo introvertido-extrovertido. Es muy cierto. Y, en teoría, una relación con cualquier tipo de persona podría resultar satisfactoria, pero de formas distintas.

Los opuestos se atraen

Los extrovertidos suelen sentirse atraídos por las personas introvertidas. Tal como observó Carl Gustav Jung, los opuestos se atraen, y eso sirve tanto para los introvertidos como para los extrovertidos. Al igual que Platón, consideraba que elegimos parejas que son distintas de nosotros, que «completamos» a nuestras parejas y que nos hacen enteros. El muy masculino con la muy femenina, el tipo impulsivo con la persona reflexiva, la belleza y la inteligencia, los amantes de la familia y los tipos solitarios: si analizas las personas que te rodean encontrarás ejemplos de personas muy distintas que son pareja.

Los extrovertidos y los introvertidos se complementan entre sí

Es fácil entender por qué una persona extrovertida resulta atractiva para alguien de personalidad introvertida.

A los extrovertidos les resulta sencillo hacer cosas que suelen ser de todo menos fácil para una persona reservada, tal como pronunciar un discurso en una celebración familiar, tomar la iniciativa al planificar eventos sociales o lidiar con disputas y quejarse en una tienda. Los terapeutas que emplean el Indicador de Tipo de Myers-Briggs recomendaron en un momento dado que las parejas fueran distintas en el máximo de rasgos de personalidad posible, incluyendo la introversión y la extroversión.

Las personas parecidas también se llevan bien

Desde entonces las percepciones han cambiado. Existen estudios nuevos que demuestran que la similitud también resulta atractiva. En muchas relaciones que funcionan, ambos miembros de la pareja son parecidos en cuanto a nivel intelectual, origen social, nivel de estudios y carrera profesional. Sin embargo, la similitud de hábitos en cuanto a la relación con otras personas y a la forma de pasar el tiempo libre pueden hacer que una persona resulte más atractiva y más fácil de abordar. Uno se siente más cómodo con un «alma gemela».

Es comprensible que un introvertido reservado e intenso resulte atractivo para otras personas introvertidas. Lo bueno del caso es que si estás buscando pareja puedes pensártelo con tranquilidad: ¿cómo respondes a los extrovertidos y a los introvertidos? ¿Qué cualidades te resultan agradables en una persona y qué te parece complicado o poco atractivo? ¿Qué esperas de tus contactos?

Pero empecemos por los hechos: cuando surge el amor,

ataca por el flanco derecho del cerebro, el lado que se relaciona con la emoción y la intuición. Puedes planificar, analizar y pensar sobre lo que quieras, forma parte del proceso, pero, al final, la pareja escogida puede resultar que sea totalmente distinta de lo que pensabas. Pero, al fin y al cabo, ¿acaso eso no es bueno?

Buscar pareja: ¡saca el máximo provecho de tus fortalezas!

¿Recuerdas la visión general de las fortalezas características de las personas del capítulo 2? Aquí volvemos a tenerla: un resumen de todas las fortalezas y cómo sacarles el máximo partido para la difícil tarea de buscar pareja.

Fortaleza	Utilidad cuando buscas pareja
1. Prudencia	Una de las mejores maneras de conocer a otras personas es que te las presente algún conocido mutuo en cuyo juicio confíes. En tal situación, al menos sabrás que un tercero de fiar piensa que la persona que te presenta vale la pena.
	Si te aventuras a las citas *online*, no está de más ser precavido. Aquí tienes las cuestiones más importantes que debes tener en cuenta:
	• Utiliza un ordenador equipado con un cortafuegos y programas antivirus.

	- Emplea solo plataformas que te permitan el acceso con un nombre de usuario (no con tu propio nombre) más una dirección de correo electrónico válida. No emplees una dirección de correo electrónico de dominio.
- Al comienzo no proporciones información personal a nadie (nombre, dirección, número de teléfono, correo electrónico, lugar de trabajo).
- Al comienzo recibe llamadas al móvil no a una línea de teléfono fijo.
- Sospecha si tu contacto te pide dinero, habla demasiado pronto de matrimonio o menciona algo raro con respecto al sexo. Si se da el caso, ¡interrumpe la comunicación de inmediato!
- Si decides conocer a alguien personalmente, queda en un lugar público donde estés siempre visible para los demás, en una cafetería durante el día, por ejemplo. Di a alguna persona cuándo y dónde has quedado. Sigue los mismos consejos si conoces a alguien a través de un anuncio de periódico o una agencia de citas.

Durante las conversaciones, revela información personal poco a poco. Tienes todo el tiempo del mundo. |
| 2. Sustancia | Piensa en primer lugar: ¿qué actividades te gustan realmente y te parece que valen la pena? Cuando lo tengas claro, planifica aquellas que te permitan conocer a personas con gustos similares. |
| 3. Concentración | Dedica tiempo en tu vida diaria a buscar pareja. Por ejemplo, puedes planificar y poner en práctica algunas de las actividades de la lista que acabas de hacer. |

4. Saber escuchar	Presta atención: ¿cómo se hablan los hombres y las mujeres entre sí cuando no se conocen bien? ¿Qué partes te incumben?	
	Pregunta a amistades introvertidas que tengan pareja cómo la conocieron. ¿Qué puedes aprender de su historia que te resulte útil?	
	Cuando conozcas a alguien, también es un buen momento para escuchar con atención.	
	¿De qué le gusta hablar a la otra persona? ¿Es un/a buen/a oyente?	
5. Calma	¡Relájate! Ampliar tu círculo de amistades debería consistir básicamente en una forma de tener experiencias nuevas e interesantes, aunque tengas otros propósitos en mente. Aquí es precisamente donde el sosiego puede resultar positivo...	
	Repite: ¡no permitas que nadie te obligue a hacer algo que no quieres hacer!	
	No emprendas demasiadas actividades a la vez.	
	Procura dedicar algún tiempo a recuperarte.	
6. Pensamiento analítico	Cuando hayas respondido a la pregunta de la fortaleza 2, planifica alguna actividad adecuada. Quizá sea pasear al perro, echar un vistazo en la biblioteca, realizar algún trabajo voluntario, ir a clases de baile, visitar exposiciones o practicar algún deporte. Estas actividades también te mantendrán ocupado, por lo que el hecho de buscar pareja resultará mucho más relajante.	
	¿Qué actividades consideras apropiadas para la primera cita (agencia de citas o citas por Internet)?	
	También deberías utilizar tu capacidad para el pensamiento analítico para evaluar a la persona que conoces, pues es algo que te aportará seguridad. Plantéate: ¿qué cualidades ves en esa persona? ¿Cuáles te gustan?	

7.	Independencia	Para ser una buena pareja, también tienes que saber estar solo/a. Cuanto más satisfecho estés con tu forma de vida actual, más fácil te resultará conocer gente. La persona que irradia la sensación de necesidad raras veces resulta atractiva a alguien que busca una pareja que sea su igual y ¿seguro que no quieres una pareja con otras condiciones? ¿Eres independiente en este sentido? Es algo a lo que deberías aspirar.
8.	Perseverancia	Buscar pareja puede llevar su tiempo. Tenlo presente y toma la decisión consciente de invertir ese tiempo. No tengas prisa por comprometerte. La segunda de las dos listas incluidas en la fortaleza 9 debería ayudarte a conseguirlo.
9.	Escribir (en vez de hablar)	Haz dos listas: • una lista de las cualidades que te hacen una persona atractiva (para aumentar la confianza en ti misma), y • una lista de las cualidades que esperas en una futura pareja (para ayudarte en la búsqueda). Por ejemplo, puedes poner sentido del humor, fiabilidad, honestidad... Marca las cualidades que consideras indispensables. Piensa también en qué variaciones te resultarían aceptables. Además de los típicos anuncios de periódico, accede a plataformas en línea para buscar pareja. Internet te da tiempo para pensar y es un medio escrito.

10. Empatía	Se trata de una cualidad muy útil cuando conoces a alguien, ya sea de forma virtual o real. Te ayuda a calibrar a la otra persona así como a comunicarte con ella. ¿Os sentís los dos a gusto? ¿A qué da importancia la otra persona? Tómate cualquier sentimiento negativo que surja de tu interior muy en serio (como fastidio y miedo, así como aburrimiento e impaciencia). Obtendrás mucha información valiosa formulando preguntas inocuas, sobre las aficiones de la otra persona, por ejemplo. Por último, ¿te hace preguntas la otra persona? ¿Intenta comprenderte, es capaz de pensar más allá de su propia vida? Para el primer encuentro, consulta los consejos sobre conversaciones triviales del capítulo 6.

El caso de Christine

Christine opta por la estrategia tradicional. Como desconfía de las plataformas en línea, publica un anuncio en un semanario respetable. Después de plantearse a conciencia qué cualidades le parecen más importantes para una pareja, recurre a una agencia de contactos. También acude a un taller dedicado a la enseñanza de algo que le interesa desde hace tiempo: quiere escribir una novela policíaca. A saber a quién conocerá mientras cultiva esta afición...

Vivir en pareja

Las relaciones como reto

La mayoría de las personas desea tener pareja. A pesar de ello, las relaciones fracasan a menudo. Los países occidentales industrializados presentan una tasa de divorcio del 50 por ciento y esa cifra solo refleja el número de rupturas entre personas casadas. Echando un vistazo a las estadísticas vemos que en Europa y en buena parte del mundo la cantidad de matrimonios no hace sino descender. No será por falta de consejos sobre las relaciones. Sin embargo, si hablamos de personas introvertidas y extrovertidas, con sus distintas formas de comunicarse y necesidades, entonces tiene sentido empezar a analizar las dos combinaciones posibles. ¿Cómo puede funcionar una relación entre una persona introvertida y otra extrovertida? Y, del mismo modo, ¿qué pueden ofrecerse mutuamente dos personas introvertidas?

? Plantéate:

Si tienes pareja, ¿es introvertido/a o extrovertido/a?
Si no estás seguro, recurre al test y a la visión general del capítulo 1.
Él o ella es: _____
Cualidades y necesidades especiales: _____

Relaciones entre introvertido-a/extrovertido-a

Cuando los dos miembros de la pareja se complementan

En esta situación, los dos miembros de la pareja habitan mundos distintos. En cuanto pase la primera fase de enamoramiento intenso, enseguida queda claro cuán distintos son esos dos mundos. Cada persona atesora diferentes valores, experiencias, talentos y rasgos de la personalidad; es decir, aquello que los hace más bien introvertidos o extrovertidos. Las diferencias resultantes de estas dos realidades distintas resultan interesantes: dos mundos suman más que uno solo. A menudo, uno de los cónyuges podrá hacer cosas que al otro le cuestan, con lo cual le facilitará la vida. A un cónyuge extrovertido, por ejemplo, le resulta fácil planificar, mantener y llevar la vida social de la pareja.

Por ejemplo, una mujer extrovertida puede convencer (o empujar) a su pareja introvertida a ir a fiestas y, cuando la pareja esté en la fiesta, asegurarse de que no está solo e incluirlo en sus actividades. Por el contrario, el cónyuge introvertido, como el reservado de los dos que es, puede ofrecer a la mujer un polo opuesto de tranquilidad, equilibrando su personalidad y ofreciéndole sustancia y estabilidad, como una roca durante una tormenta.

Las diferencias pueden pasar factura

Por otro lado, las desigualdades entre un cónyuge introvertido y otro extrovertido pueden resultar agotadoras. Las diferencias de temperamento, necesidades e ideas a menudo provocan choques y llevan a una situación de desequilibrio: en la situación que acabamos de mencionar, la mujer, como miembro extrovertido de la pareja, tiene que llevar toda la carga relacionada con el tiempo y la energía para mantener la vida social. En las fiestas, tiene que llevar a su esposo a remolque, aunque, como persona extrovertida que es, se lo pasaría mejor si pudiera hablar con muchas personas distintas sin tener que pensar en incluir a su marido en la conversación. Por su parte, a él vivir con esta mujer extrovertida le impide tranquilizarse, relajarse y hacer «nada» de vez en cuando.

> Las diferencias entre una pareja formada por introvertido/a y extrovertido/a pueden suponer una amenaza para la relación o enriquecerla.

Necesidades opuestas

En el peor de los casos, cuando un introvertido/a y un extrovertido/a viven juntos, sus diferencias irreconciliables pueden suponer una amenaza para la felicidad de la relación. La pareja introvertida puede sentirse eclipsada, ignorada, incomprendida o presionada. La pareja extrovertida puede sentir que el otro miembro es débil, desatento, demasiado sumiso o demasiado pasivo, lo cual a su vez puede tener un efecto negativo en la autoestima del miembro introvertido de la pareja. Además, las personas extrovertidas quizá quieran más estímulos y una vida social más activa que su pareja. Asimismo, es posible que se sientan abandonadas desde un punto de vista emocional porque no reciben la cantidad de afecto activo que necesitan.

Por el contrario, los miembros introvertidos se sienten más cómodos en una relación en la que no tienen que mostrar constantemente afecto ni tomar la iniciativa.

Con respecto a la comunicación, los miembros de la pareja introvertidos y extrovertidos suelen tener una idea distinta de la velocidad y el volumen adecuados para una conversación; en general, también tendrán una actitud distinta ante la confrontación y el conflicto. Lo que puede parecer excesivo, demasiado alto, demasiado duro o demasiado rápido para un marido introvertido puede parecer una forma normal de interactuar para la esposa extrovertida. Por el contrario, a ella quizá le resulte problemática la forma como su pareja más reservada se muestra retraída ante una diferencia de opinión, en vez de afrontar el problema. Quizá también haya reparos con respecto a la confidencialidad, porque las personas extrovertidas están más dispuestas a compartir información personal que las introvertidas.

Una base de respeto mutuo

A pesar de todo ello, las personas introvertidas y las extrovertidas pueden compartir su vida de forma satisfactoria y disfrutar de una relación muy enriquecedora. Siempre y cuando pongan en práctica algo que el psicólogo Hartwig Hanssen (2008) describió como la clave de cualquier relación fructífera: el respeto. En una vida compartida, el respeto es, por encima de todo, reconocer dos cosas: tus propias necesidades y las de tu pareja.

Dos claves para una relación satisfactoria

1. **¡Reconoce tus necesidades!**
   Solo serás capaz de reconocer las necesidades de tu pareja si también conoces y respetas las tuyas propias.

2. **¡Reconoce las necesidades de tu pareja!**
   Reconoce que tu pareja tiene necesidades distintas de las tuyas y que quizá tengáis opiniones diferentes ante la misma situación. Este hecho puede tener poco que ver con los sentimientos que compartís el uno por el otro.

Las ventajas de tener distintas necesidades

Es bastante habitual darse cuenta de que tenéis distintas necesidades. Al fin y al cabo, todo el mundo es diferente. Lo importante es cómo decidís lidiar con vuestras diferencias.

Juntos, tú y tu pareja formáis un equipo. Todos los equipos se benefician de que sus miembros tengan distintas cualidades y aptitudes. Así pues, deberías echar un vistazo a las ventajas que supone que haya diferentes necesidades en una relación.

Por ejemplo, una pareja extrovertida:
- tiene la habilidad de emprender actividades y encuentros sociales, para ti también, que pueden resultar liberadores
- tiene infinidad de energía y de nuevas ideas que ofrecerte a ti y a la relación

- presenta fortalezas relacionadas con la comunicación de las que puedes beneficiarte cuando se presenten obstáculos: por ejemplo, conversación flexible (véase obstáculo 8: fijación) o resolución constructiva de conflictos (véase obstáculo 10: timidez en un conflicto).

Comunicarse bien con una pareja extrovertida

Para que el miembro introvertido de una pareja (pues al fin y al cabo este libro es para ellos) sepa cómo interactuar con su pareja extrovertida adjuntamos una lista de las estrategias de comunicación más importantes.

 Estrategias para los introvertidos cuando se comunican con su pareja extrovertida

1. **Durante una conversación**
   - Ve al grano, exprésate con claridad y brevedad. Tus cualidades de sustancia (fortaleza 2) y la capacidad de pensamiento analítico (fortaleza 6) harán que te resulte fácil.
   - Cuando intervengas, habla alto y claro. Si hablas demasiado bajo o en tono monótono, tu pareja quizá no escuche lo que dices o infravalore el alcance de tu preocupación.
   - Si te molesta que tu pareja hable demasiado rápido, pídele que hable más despacio o que repita lo que ha dicho.
   - Tienes la capacidad de hacer que la conversación transcurra de forma más pausada. También deberías estar preparado/a para decir que necesitas tiempo para pensar sobre algo —antes de tomar una decisión importante que afecte a vuestro futuro juntos, por ejemplo.

- Demuestra que entiendes las preocupaciones de tu pareja. La escucha activa (fortaleza 4) y el pensamiento analítico (fortaleza 6), así como la sensibilidad (fortaleza 10) te ayudarán a conseguirlo.
- Antes de una conversación importante, anota los puntos más significativos que quieres tratar o conseguir (fortaleza 9).
- Aprende a reconocer los mensajes que te transmite la otra persona (irritación, aburrimiento, frustración, temores...). Es bueno aprender a comprender el «lenguaje» de la otra persona, sobre todo si tenéis formas distintas de expresaros.
- También debes expresar tus sentimientos, ya sean positivos o negativos. ¡Aquí se incluyen las muestras de afecto regulares!
- Comunica tus necesidades y pregunta por las necesidades de los demás. En las discusiones, deberías otorgar a ambas el mismo nivel de importancia. Demuestra que entiendes que a tu pareja ciertas cosas le cuestan (y también que a ti te cuestan otras). Lo ideal sería que acabarais los dos riendo...

2. **Si convivís**
   - Sé consciente de tus necesidades y organizad vuestra vida en común teniéndolo en cuenta. También debes dar a tu pareja suficiente espacio para vivir de forma que se ajuste a sus necesidades.
   - Planead cosas para hacer juntos: vacaciones, eventos especiales y reuniones familiares, de forma que, en la medida de lo posible, resulten apropiadas para ambos.
   - Asegúrate de tener múltiples posibilidades para retirarte, y comunica tu necesidad de estar solo/a de vez en cuando. Es importante que dejes claras las razones para ello: «No me

alejo de ti, es que necesito estar solo/a.» Pide la comprensión de tu pareja.
- Respeta la introversión y la extroversión como cualidades personales. Al fin y al cabo, ya sabes que ambos tipos de personalidad tienen puntos fuertes y débiles.
- Muestra apreciación por las cosas que tu pareja sabe hacer mejor que tú y con mayor facilidad. Dale las gracias por hacer lo que hace por ti: crear un contacto, presentar una queja o enfrentarse a las hordas el primer día de rebajas.

Darse espacio mutuamente

En mi propia relación entre introvertida y extrovertido, he descubierto de qué maneras a mi marido extrovertido le motivan distintas cosas, y qué necesita. Es igual de importante averiguar qué necesito yo y que no pasa nada por el hecho de que nuestras necesidades difieran. A lo largo de nuestro matrimonio, hemos aprendido a dejar espacio al otro: mi marido necesita más vida social con los amigos y en los clubes, más proyectos y más tiempo en activo, viajando por el mundo. Oh, y también le gusta poner la radio o la tele en cuanto entra en casa. Yo necesito más espacio y quietud, más tiempo sola y, sobre todo, tiempo sin ruidos.

Poco a poco hemos descubierto formas de convivir, a pesar de que nuestras zonas de confort sean distintas y de nuestras diferentes posiciones en el continuo introvertido-extrovertido. El tiempo que pasamos juntos es bueno: tenemos suficiente sentido del humor para reírnos de nosotros mismos y el uno del otro.

Y, por supuesto, ¡para algo existen los auriculares y los

tapones para los oídos! Por último y no por ello menos importante, sí que se solapan cosas que nos gusta hacer, cosas que nos hacen felices a los dos, una cena agradable con los amigos o una buena conversación.

Lo más importante que hay que recordar es que, si a tu pareja le motivan cosas distintas de las tuyas, entonces no puedes dar por supuesto que vaya a reconocer que tienes necesidades diferentes. Al fin y al cabo, él o ella no es una persona reservada. Del mismo modo, quizá te resulte difícil reconocer las necesidades de tu pareja, que es extrovertida. Por eso es importante que sepas lo que necesitas y que lo comuniques.

Relaciones entre personas introvertidas

Reducción de la posibilidad de conflicto

Si mantienes una relación con una persona introvertida, entonces es muy probable que te sientas satisfecho. Al fin y al cabo, tienes un compañero que comprende tus necesidades y que quizás incluso las comparte. ¡Qué comienzo tan idóneo para una relación!

 Dos preguntas para ti

¿En qué ámbitos tú y tu pareja tenéis distintas necesidades?

Pareja:

_____

_____

Tú:

_____

_____

_____

_____

¿Cómo podéis abordar estas diferencias para que enriquezcan vuestra relación?

_____

Si convives con una persona introvertida, tienes una pareja:

- que te escucha, con paciencia y con una buena dosis de conciencia acerca de tus necesidades
- discreta, que entiende que necesitas paz y tranquilidad
- que comparte muchos de tus intereses
- que ofrece poco potencial de conflicto.

El peligro del estancamiento

Sin embargo, esta combinación también presenta obstáculos. Tal vez el mayor sea el estancamiento: una inercia compartida. El riesgo es especialmente acusado si los dos miembros de la pareja tienden a ser pasivos (obstáculo 4) o a evitar establecer contactos (obstáculo 9). Puede acabar suponiendo que no tengan amigos o que haya demasiado pocas experiencias placenteras compartidas, una falta de desarrollo personal y falta de flexibilidad en la resolución de problemas, conflictos y crisis. Entenderse el uno al otro puede convertirse en una fijación y en dependencia mutua. Como ya debes de haber supuesto, este tipo de relación no es sana. A continuación verás cómo encauzar vuestra comunicación y vida en común de forma que disfrutéis de las ventajas de este tipo de relación y evitéis las desventajas.

 Estrategias para las personas introvertidas que se comunican con su pareja introvertida

1. **Durante una conversación**
   - Hablad de las cosas que os diferencian. ¿Qué significan para vuestra relación?
   - Comunica tus necesidades y compáralas con las necesidades de la otra persona. Durante la conversación, otorga la misma importancia a ambos conjuntos de necesidades.
   - Haz que la otra persona sepa de antemano si quieres hablar de algo importante. Así tu pareja tendrá tiempo de prepararse.
   - También podrías decidir comunicarte por escrito, si a ambos os gusta este tipo de comunicación (fortaleza 9). Mensajes de correo electrónico, de texto o notas en un trozo de papel, ¡tienes muchos medios distintos para elegir!

2. **Si convivís**
   Cread rituales que aporten cierta variedad a vuestra vida. Aquí tienes algunas sugerencias:
   - Probad un *hobby* nuevo una vez al año.

- Salid juntos una vez cada quince días.
- Una vez al mes, entablad relación con una persona interesante.
- Cada dos meses, planifica una sorpresa para ti y tu pareja (turnaos para hacerlo).
- Anotad los rituales en el calendario.
- Ensayad juntos las conversaciones difíciles y los congresos venideros (capítulo 7) o los discursos (capítulo 8). ¡Os servirá de entrenamiento a ambos!
- Dedicaos por separado a vuestros intereses particulares y mantened amistades y redes propias.
- Asume tu parte de responsabilidad para llevar juntos una vida equilibrada.

Si vives con una persona introvertida, ha llegado el momento de que analices tu relación.

❓ Dos preguntas para ti

¿Qué tienes en común con tu pareja introvertida?
_____
_____
_____
_____

¿Qué obstáculos o retos detectas en vuestra vida en común y qué puedes hacer a fin de evitar las consecuencias negativas de ellos?

Obstáculos	Cómo lidiar con los obstáculos
_____	_____
_____	_____
_____	_____
_____	_____

La soltería en una persona introvertida

Estar solo sin sentirse solo

Vivir solo tiene sus ventajas y sus inconvenientes. Quizá sea fruto de una decisión de estilo de vida, o tal vez la consecuencia de haberse quedado sin pareja. A muchos introvertidos les resulta fácil vivir solos sin sentirse solos. Se dedican a distintas actividades que pueden realizar perfectamente sin compañía e incluso les parece un alivio poderse relajar y recuperar la paz y la tranquilidad tras una dura jornada laboral.

El riesgo de las personas solteras

Los riesgos se asemejan a los que ya has visto en la sección sobre parejas formadas por dos personas introvertidas, con la diferencia de que es solo a ti a quien le cuesta emprender actividades o conocer a gente (y no a ti y a tu pareja introvertida). Esto resulta especialmente cierto si, como persona soltera, tiendes a ser pasiva (obstáculo 4) o a evitar el contacto (obstáculo 9). Al igual que con la pareja formada por dos introvertidos, esta situación provoca falta de contacto social y escasez de experiencias que te aporten nuevas perspectivas y nuevas impresiones.

El estancamiento personal y una menor capacidad para abordar problemas, conflictos y crisis es una de las posibles consecuencias.

Aquí tienes una visión general con consejos que te ayudarán a disfrutar de tu vida de soltero/a y a evitar los riesgos arriba mencionados.

> **!** **Consejos para vivir feliz en soltería**

- Establece rituales personales para enriquecer tu vida. Anótalos en el calendario como tareas o citas. Aquí tienes unas cuantas sugerencias.
    - Prueba un *hobby* nuevo una vez al año.
    - Visita un lugar nuevo un par de veces al año.
    - Visita una exposición o ve al cine, al teatro o espectáculo de danza una vez cada quince días.
    - Participa en una celebración o evento social una vez al mes.
    - Cada dos meses planea hacer algo con un amigo, ¡turnaos para hacer planes!
- Procura conocer a personas interesantes y que te inspiren de forma regular. Comunicarse por correo electrónico o teléfono está bien, pero también deberías hacer un esfuerzo para planear encuentros cara a cara fuera del entorno laboral, con amigos, parientes o colegas.
- Dedícate a aquellos intereses personales que te hagan feliz.
- Participa en la vida de la comunidad: mantén amistades y redes. Si puedes, ayuda a otras personas haciendo cosillas para

ellas (regar las plantas, escuchar, instalar un programa informático, hacer de canguro...). Resulta igualmente importante que pidas ayuda a otras personas cuando lo necesites.

- Si existe una causa concreta que te resulte especialmente significativa, plantéate hacer trabajo de voluntariado fuera de tu entorno laboral. Así conocerás a personas con tu misma mentalidad, lo cual siempre resulta interesante y no solo cuando buscas pareja.

Asume el control de tu vida y disfrútala como persona soltera, haz cosas que enriquezcan tu vida y la de los demás. El hecho de que seas una persona reservada te coloca en posición de hacerlo bien.

Cuidar de los hijos

Si vives en pareja, entonces tienes una familia: en vez de vivir solo, convives con alguien que te importa. Los hijos y otros parientes pueden formar parte de esta familia, ya sea a largo plazo (un padre anciano, una suegra viuda) o de forma temporal (estudiantes de intercambio, amigos, *au pairs*).

Para una persona reservada, el mayor obstáculo que supone el alegre barullo de la vida familiar es el número 3: ¡exceso de estimulación! El volumen y los patrones de sueño distintos de los niños pequeños, y la vida social de hijos más mayores, pueden resultar sumamente difíciles y agotadores. A menudo las posibilidades de estar solo quedan limitadas.

Consejos para una vida feliz en familia

Las sugerencias que se incluyen en la lista siguiente están para ayudarte, como persona introvertida, a vivir felizmente dentro y con tu familia.

 Estrategias para que las personas introvertidas sobrelleven la vida en familia

1. **Convivencia basada en la igualdad.** La mayoría de las familias están compuestas por personas extrovertidas e introvertidas. Dentro de tu familia, deberías hacer un esfuerzo para disponer las cosas de manera que sea justo para todos, independientemente de dónde se sitúe su zona de confort en el continuo introvertido-extrovertido. Deberías encargarte de que las necesidades tanto de los introvertidos como de los extrovertidos tengan la misma consideración. Es igual de razonable querer hacer la siesta al mediodía como querer visitar una feria con amigos.

2. **Espacio para retirarse.** Búscate un espacio en el que te sientas cómodo y donde puedas estar a solas, por lo menos durante un rato.

    Puede ser el dormitorio, el sótano, la buhardilla o tu estudio. Por regla general, la sala de estar es una estancia compartida. Sin embargo, a veces puede emplearse para relajarse si los ruidosos de la casa ya duermen o no están en casa.

3. **Nivel de ruido.** Si eres sensible al ruido, adopta una actitud activa para reducir el nivel de ruido, que a menudo será demasiado alto. ¡Lo que está garantizado es que siempre habrá mucho ruido! Aquí tienes ciertas medidas específicas que puedes adoptar:

- *Insiste en que todo el mundo hable a «volumen ambiente».* Estipula una norma por la que todo el mundo hable a «volumen ambiente» a la hora de comer. También podrías emplear esta expresión para recordar a los miembros de la familia que tienden a comunicarse a voz en grito en ciertas situaciones que moderen el volumen.
- *¡Haz que las personas dispongan de tiempo de descanso en solitario!* Si se produce una discusión o a alguien le entra un berrinche —típicas situaciones en las que los decibelios llegan a un nivel de pesadilla—, puedes aliviar el estrés de la situación haciendo que los implicados vayan a habitaciones distintas. Al fin y al cabo, es imposible mantener una conversación cuando la gente está enfadada. No obstante, el tema deberá tratarse más tarde, en cuanto la situación esté más calmada.
- *¡Aprovecha la tecnología!* En nuestra familia, tenemos auriculares para la televisión, de forma que mamá, que es introvertida y sensible al ruido, pueda sentarse al lado de su marido e hijo y leer un libro mientras ellos ven *Los Simpson*.

4. **Canguros.** Para los padres introvertidos, los canguros son cruciales para sobrevivir, ya sean los abuelos, vecinos adolescentes o una sobrina amable. Vale mucho la pena hacer las gestiones necesarias para disponer de canguro, ya que alivia parte de la carga que supone la crianza. También puede ser positivo disponer de una canguro no porque quieras ir al teatro o a un acto con tu pareja, sino porque sencillamente deseas un poco de paz y tranquilidad. La canguro, por ejemplo, podría llevar a los niños al cine, a un museo o al parque durante una o dos horas. Una ventaja adicional es que serás especialmente consciente del amor que sientes por tus hijos después de

tomarte un respiro, además de estar mucho más relajada. Si tus recursos económicos son limitados, podrías quedar con otros padres para hacer de canguro por turnos con los hijos respectivos, lo cual es otro tipo de trabajo en red que resulta muy exitoso.

5. **Alimenta tu mente.** Como persona introvertida es algo que necesitarás a modo de compensación para evitar que tu vida interior quede abrumada por el estrés de la vida diaria, sobre todo en las etapas más intensas de vida familiar. En tu lugar de trabajo mantente al corriente de la actualidad. Asegúrate de tener infinidad de buenos libros, películas interesantes, blogs emocionantes que leer y conversaciones profundas sobre temas que no sean el sarampión y elegir colegio. También deberías hacer un esfuerzo por quedar con personas que no tengan hijos.

6. **Deporte.** El deporte resulta beneficioso para todos nosotros, independientemente de con quién convivamos. Encuentra el deporte que encaje contigo, y que puedas practicar solo, lo cual tiene dos ventajas: ¡te mantiene en forma y te recarga las pilas! La mayoría de los deportes siguientes también pueden practicarse con los amigos y la familia si lo deseas: *fitness*, gimnasia, patinar en línea, correr, pilates, ciclismo, natación, vela, surf, tai-chi, submarinismo, caminar, senderismo, yoga.

¿Un hijo introvertido o extrovertido?

Al igual que los adultos, los niños tienen personalidades distintas, aunque vale la pena puntualizar que la personalidad cambia y va definiéndose a medida que crecen.

Incluso los bebés responden al entorno y a las personas de maneras distintas según tengan una personalidad introvertida o extrovertida. Los niños también tendrán una zona de confort más o menos clara en el continuo introvertido-extrovertido tal como se describe en el capítulo 1. Si tienes hijos o vives con niños, estarás más preparado para apoyar y fomentar su desarrollo si sabes qué necesitan las personas introvertidas y las extrovertidas respectivamente a fin de sentirse a gusto y florecer como personas. Para los jóvenes introvertidos, sobre todo, resulta de especial importancia que se comprendan sus fortalezas y preferencias, en un mundo en que los extrovertidos de la guardería y de la escuela son los considerados «guay». No obstante, también es positivo para los niños extrovertidos que aprendan a edad temprana cuáles son sus ventajas y dificultades.

Calibrar a tus hijos

Basta con una idea aproximada del tipo de personalidad de tu hijo, para lo que puedes emplear la visión general del capítulo 1. En los niños, al igual que en los adultos, la introversión o extroversión extremas son poco habituales; es más probable que sus zonas de confort se sitúen en un punto medio, con una mezcla de cualidades y cierta tendencia hacia uno u otro tipo de personalidad. Cuando hayas descubierto si tienes a un joven introvertido o extrovertido entre manos, consulta la sección apropiada más abajo.

Criar a un hijo introvertido

Experiencia personal con un hijo introvertido

Tengo un montón de experiencia con un hijo introvertido: al fin y al cabo ¡tengo uno! El Sr. Hijo (así le llamo en Twitter y en mi blog, así que haré lo mismo aquí) es decididamente una persona muy reservada. Desde pequeño era claramente distinto de sus contemporáneos más extrovertidos. Nunca le gustaron los grupos numerosos ni las multitudes, e incluso a edad temprana costaba convencerle de ir a la fiesta de cumpleaños de otro niño. Por otro lado, incluso cuando iba a la guardería, me impresionaba con su rica vida interior y con una perspicacia que superaba a la de muchos adultos.

A los seis años, mi hijo dijo educadamente que no quería ir al desfile de carnaval ni a las celebraciones del día de San Martín: la música estaba muy alta y era mala, y había demasiada gente. A los ocho, leyó que un vegetariano salva la vida de 100 animales al año, y dejó de comer carne una buena temporada. Después del colegio, se pasaba un buen rato recuperándose del bullicio escolar con sus amigos Bach, Beethoven, Chopin y Rajmáninov al piano. Tiene pocos amigos pero son fantásticos. Y sí, estoy inmensamente orgullosa de él.

Consejos para tratar con un hijo introvertido

El resumen siguiente es el resultado de años de investigación, muchas conversaciones y deliberaciones, y, por supuesto, mucho amor. Si este libro tiene alguna parte que se haya probado con creces en la práctica, sin duda es esta.

Cómo dar apoyo a un niño introvertido

1. **Asegúrate de que tu hijo/a cuenta con el espacio que necesita.**
   Los niños reservados suelen necesitar un espacio donde estar solos para recuperarse, incluso a edad muy temprana. Lo idóneo es que sea su habitación, pero si es imposible debido a la disposición de la vivienda o a la presencia de hermanos, debería haber por lo menos un lugar tranquilo que le «pertenezca» durante un tiempo suficiente en su día a día.
   Si tu hijo va de viaje —con los compañeros de curso, de vacaciones o por un acontecimiento especial—, podrías hablar con él o ella cómo retirarse de vez en cuando en caso necesario. Deja que tu hijo tenga tiempo de observar antes de participar en una actividad grupal.
   «Espacio» también se refiere a espacio apartado de otras personas. Respeta los momentos en soledad de tu hijo y llama siempre antes de entrar en su habitación. Averigua cuánto contacto físico (abrazarse y sentarse juntos en el coche) hace sentir cómodo a tu hijo y respeta su zona de confort.

2. **Crea rituales para que le resulte fácil poder estar solo.**
   Cuantas más sesiones de tiempo en solitario incluyas en el horario y cuanto más normales sean, más fácil será que tu hijo se beneficie de ellas. Los rituales —cosas que siempre se han hecho de un modo similar, por el mismo motivo— pueden resultar de gran ayuda en estos casos. Aquí tienes algunos ejemplos:
   - *Ritual de vacaciones*: planifica un tiempo de descanso después de cada actividad: tras una visita al mercado, planea un día leyendo y, después de nadar en la piscina, leche con galletas.

- *Rituales para eventos fuera de casa*: lleva a tu hijo al lugar con tiempo suficiente (¡no en el último momento! y jugad juntos a algún juego: ¿puedes encontrar un lugar en el que una persona escape del bullicio y se relaje un rato? Si es necesario, pregunta al anfitrión.
- *Rituales para el día a día*: cuando llegue a casa de la escuela o de la guardería, siéntate cómodamente a la mesa con tu hijo mientras disfruta de su bebida favorita y come algo sabroso. ¡Nada de acribillarle a preguntas! (Y lo digo como persona conocida por su afán de preguntar...)

3. **Ayuda a tus hijos a descubrir sus necesidades.**

Averigua qué le parece bien a tu hijo en ciertas situaciones, sobre todo cuando las ideas habituales están más bien orientadas a los extrovertidos. Una fiesta de cumpleaños, por ejemplo, no tiene por qué ser un gran jolgorio con un montón de niños. Puede ser un día junto al lago con su mejor amigo, un picnic y un pastel.

Si tu hijo está claramente estresado en una situación difícil, o le entra un berrinche (¡lo cual también pasa a niños introvertidos!) intenta mantener la calma en la medida de lo posible (respira hondo y, si es necesario, apártate). Cuando tu hijo se haya tranquilizado, repasa los acontecimientos. ¿Qué ha ocurrido? ¿Qué podrías hacer para asegurarte que la próxima vez vaya mejor? Vale la pena que escuches con atención («O sea que te ha parecido que Mark no quería jugar contigo y entonces tú...») y formula preguntas abiertas que requieran una explicación más que una decisión. «¿Qué podrías hacer para que todos los niños quieran participar en el juego?» A los niños introvertidos se les suele dar bien identificar sus necesidades y las de los demás. Por lo que a ti respecta, cuídate de emitir juicios relacionados con las necesidades de tu hijo. Quizá te resulte difícil si eres una persona introvertida y la situación te parece complicada. A tu manera, deberías mostrar a tu hijo cómo descubrir sus necesidades planteándose preguntas como: «¿Qué puedo hacer?» «¿Qué necesito ahora?» Si un niño se mantiene callado durante las conversaciones familiares, pregúntale su opinión. Si otros hermanos son más extrovertidos, asegúrate de que el cariño y el tiempo dedicado a hablar así como las decisiones se dividen de forma justa. Cuanto antes aprendan los niños que existen distintas formas satisfactorias de comunicarse y de vivir, ¡mejor!

Asimismo, también deberías enseñar a tu hijo que puede establecer contactos a su manera. La mejor forma de hacerlo es con el ejemplo: si tú interactúas de forma fácil y relajada con los miembros de la familia, amigos y conocidos (y si, cuando convenga, te retiras para estar solo de forma igual de relajada), entonces tu hijo reservado, que tendrá tendencia a ser observador, lo adoptará para sí. Si es necesario, ayuda a tu hijo a encontrar compañeros de juego con los que se lleve bien.

4. **Reconoce los talentos específicos de tu hijo.**

Este consejo va más allá de lo que ya se ha dicho en el punto 3. En este caso, «reconocer» significa hacer un esfuerzo consciente para verbalizar las fortalezas que posee tu hijo. Echa un vistazo a la lista de fortalezas que caracterizan a las personas reservadas. ¿De cuáles ves rasgos —o totalmente desarrolladas— en tu hijo? Para que resulte significativo a largo plazo, este tipo de reconocimiento debe ser específico. En vez de decir: «¡Qué sensato eres siempre!», es mejor decir: «¡Me parece fantástico que hayas comprobado la profundidad del agua antes de entrar!»

Al hacerlo, también ayudarás a tu hijo a desarrollar una mayor conciencia de sí mismo y a superar las dudas. Los niños introvertidos son más propensos a dudar de sí mismos que los extrovertidos y enseguida se juzgan con dureza («Soy un perdedor»). Por consiguiente, deberías intentar evitar, en la medida de lo posible, transmitirle tu propio estrés, por ejemplo siendo impaciente o presionándole, ya que él o ella pensarán que es culpa de ellos. Si aceptas y das apoyo a la forma particular de hacer las cosas de tu hijo reservado, le ayudarás a largo plazo, pues evitarás que se quede bloqueado por culpa de su voz interior crítica.

5. **Da apoyo a tu hijo en su vida escolar.**
Los niños reservados tienden a pasar desapercibidos en el aula. Por un lado, esto implica que causarán menos dificultades a los maestros, pero también que estos les dedicarán menos atención que a los compañeros que son expertos en hacerse notar. Esta situación puede suponer un problema, por ejemplo, cuando se puntúa una presentación oral, que es menos objetiva que puntuar que una prueba escrita. Los niños reservados suelen verse como pasivos y considerarse que participan menos en los trabajos en grupo.

Puedes evitar estos problemas dialogando con los maestros. El cerebro de un niño introvertido puede ser más lento procesando las cosas, debido a la mayor longitud de su «cableado» neuronal (véase capítulo 1). Por otro lado, a menudo se piensan las cosas con más detenimiento que sus compañeros extrovertidos y tienden a estar concentrados durante más tiempo. Dedícate sencillamente a informar a los demás de los logros de tu hijo fuera de la escuela: en el deporte, la música, la lectura, a nivel social...

> Por último y no por ello menos importante, deberías dar a tu hijo múltiples oportunidades de aprender en el entorno seguro del hogar el tipo de comunicación necesario en la escuela. Para ello puedes incluir conversaciones durante las comidas, peticiones de aumento de paga, llevar a cabo un proyecto acerca de animales en peligro de extinción en un grupo reducido...

¿Los niños introvertidos tardan más en desarrollarse?

A continuación, unas palabras tranquilizadoras. En estudios relacionados con las personas reservadas, muchos psicólogos mencionan que, de forma bastante desproporcionada, tienden a ser «flores tardías». Buena parte de su vida escolar, con las situaciones que se viven en el aula y las presiones de grupo, supone tal estrés para los niños introvertidos que no siempre alcanzan su potencial pleno. La buena noticia es que, en cuanto los jóvenes son capaces de relacionar sus propias necesidades e inclinaciones (con respecto al alojamiento, asignaturas académicas, campos de trabajo y vida social), suelen experimentar un «impulso» verdadero, y son felices y exitosos en las actividades elegidas.

Criar a un niño extrovertido

Si eres una persona reservada, un niño extrovertido puede suponer un gran reto. Como este libro está destinado principalmente a personas introvertidas, la siguiente visión general otorga un énfasis especial a temas que pueden causar fricciones.

Cómo criar a un niño extrovertido

1. **Procura que tu hijo tenga gente con la que hablar.**

   Los niños extrovertidos florecen cuando tienen la posibilidad de comunicar sus ideas e impresiones a los demás: ¡de ahí sacan su energía! Una amiga introvertida me habló recientemente de su hijo: «Le adoro, pero cuando estoy con él es como tener la radio encendida continuamente. No para de decir todo lo que le pasa por la cabeza. ¡A veces me vuelve loca!» Si eres una persona introvertida, el objetivo de este primer punto es quitarte parte de la presión. Como madre o padre, deberías estar disponible cuando tu hijo quiera hablar contigo, pero es preferible, tanto para ti como para el niño, que no seas su único interlocutor.

   A las personas extrovertidas les resulta más fácil desarrollar sus pensamientos si son capaces de expresarlos. Por consiguiente, te ayudarás a ti y a tu hijo si le animas a hacer amistades y establecer contactos con varios interlocutores: deja que tu hijo invite a amigos a casa, déjale que pase la noche en casa de amigos o familiares y llévale a eventos especiales adecuados para su edad.

   No te sorprendas si incluso un niño extrovertido pasa por fases de retraimiento, pues forma parte del desarrollo infantil normal y no significa que tu hijo esté pasando de extrovertido a introvertido.

2. **Anima a tu hijo a analizar experiencias e impresiones.**

   Debido a las «vías cortas» del cerebro (véase capítulo 2), las personas extrovertidas tienden a reaccionar de forma rápida e impulsiva. Por un lado, no les cuesta pasar rápidamente de una actividad a otra; por otro lado, se distraen con mayor facilidad. Emplea tus fortalezas para ayudar a tu hijo a contenerse de vez en cuando y a reflexionar: ¿qué está pasando exactamente? ¿Quién quiere qué? ¿Qué posibilidades existen para solucionar el problema? ¿Cómo puede mejorarse esta situación?

También deberías actuar así si te molesta algo que ha hecho un niño extrovertido. Desde tu punto de vista, ¿qué es lo que ha fallado? (Tu hijo no ha hecho más que mangonear a un amigo al que ha invitado a jugar.) ¿Qué debería hacer tu hijo? (Disculparse y planificar un juego para la próxima vez que sea justo para ambos.)

Tu hijo aprenderá poco a poco a recopilar más información sobre sus propias acciones, a modificar su comportamiento y analizar su libertad para tomar decisiones. Son pasos importantes en el camino de la madurez.

3. **Da cabida a las diferencias.**

    La convivencia entre una persona introvertida y un niño extrovertido puede provocar tensiones e incluso frustraciones: tus necesidades, con respecto a tus actividades favoritas, intimidad, necesidad de hablar, planificar el día, sean probablemente muy distintas. Por eso es tan importante que aprendas a asumir vuestras diferencias y que tu hijo aprenda también a hacerlo.

    La buena comunicación es una parte importante del proceso. Explica a tu hijo que tú y otros miembros introvertidos de la familia necesitáis un poco de paz y tranquilidad de vez en cuando, y que te parece bien que haya otros niños en casa siempre y cuando no sean demasiados ni vengan con excesiva frecuencia. Por otro lado, también deberías reconocer las necesidades de tu hijo, fruto de su temperamento. Aquí tienes unos cuantos ejemplos de situaciones cotidianas.

- Plan de visitas: decide que haya «días de visita» y «días de paz y tranquilidad». Si tu hijo tiene muchos amigos, llega a acuerdos con los otros padres haciendo turnos y quedadas a dormir o incluso acordando juntos el servicio de una canguro un día determinado por si quieres hacer una visita rápida a la biblioteca o relajarte un poco...
- Estimulación: a un niño extrovertido le gusta tener muchas cosas materiales que hacer y le encanta que le dediquen atención y elogios. Sencillamente deberías ofrecer a tu hijo infinidad de retos: proyectos o tareas que se ajusten a sus intereses. Puede tratarse de un juego de marionetas, un circo, una serie de entrevistas o una exposición de arte en casa...
- Espacio: organiza momentos de quietud en los que tu hijo haga algo en silencio y tú puedas dedicar tiempo para ti. Si tu hijo quiere celebrar una fiesta de cumpleaños multitudinaria, entonces no es necesario que se celebre en casa. También deberás establecer ciertos parámetros acerca de tu participación en las conversaciones o en las actividades, como que, por ejemplo, no se puede esperar de ti que estés disponible toda la noche para responder preguntas sobre el trabajo del colegio. En cambio, sí que puedes programar una hora de atención exclusiva. Si a tu hijo extrovertido le gusta tener la televisión en marcha como ruido de fondo mientras hace los deberes, apágala.

4. **Reconoce los talentos especiales de tus hijos.**

Este consejo vale tanto para los hijos introvertidos como para los extrovertidos. En este caso, reconocer significa hacer un esfuerzo consciente para verbalizar las fortalezas de tu hijo. ¿Qué fortalezas posee? ¡Hazlas visibles! El reconocimiento específico resulta especialmente importante para un niño extrovertido. No digas: «¡Qué bien se te da hablar delante de otras personas!», sino: «Te he oído mientras explicabas a tus amigos cómo va el juego. ¡Todos han sabido jugar enseguida porque has hablado muy claro y has dado ejemplos buenísimos!»

Ten en cuenta que los extrovertidos necesitan reconocimiento por parte de los demás. Para un niño extrovertido, es especialmente bueno que hagas hincapié en las cosas positivas: qué bien ha hecho los deberes, qué regalo para el Día de la Madre o del Padre tan bonito ha hecho, cuánto ha apreciado un amigo su llamada...

5. **Fomenta una mayor capacidad de atención.**

En el colegio, los niños extrovertidos tienden a tener pocos problemas con el trabajo oral o en grupo. Lo que les resulta un reto es la concentración en un mismo tema durante un período de tiempo largo por sí solos, durante una sesión de trabajo en silencio o un proyecto escolar, pero también cuando hacen los deberes.

Es posible enseñar a los niños a concentrarse mejor. Enseña a tu hijo a dividir tareas largas en pasos más pequeños. Alábale cuando finalice una tarea larga. Deja que tu hijo vaya cambiando de actividades, pero solo después de haber dedicado un tiempo determinado a cada una de ellas, que deberías ir alargando. Otra opción es convertirla en una especie de competición deportiva: ¿cuántos problemas de matemáticas es capaz de resolver tu hijo en 20 minutos? Este tipo de desafíos amables resulta especialmente bueno para motivar a niños extrovertidos.

Convivir tanto con las fortalezas como con los obstáculos

Cuanto antes aprendan tus hijos a identificar sus fortalezas y obstáculos, y cuanto más aceptados y amados se sientan tal como son, mejor les irá en su vida futura. Crecer en una familia en la que las características de cada uno de los miembros disponen de espacio suficiente y gozan del respeto de los demás es una buena preparación para la vida adulta, para la interacción social y para vivir con uno mismo.

 Resumen de los puntos clave

- Compartir la vida con otras personas resulta enriquecedor tanto para introvertidos como para extrovertidos, aunque a los primeros les resulte más fácil que a los extrovertidos llevar una vida plena en solitario.
- Una persona reservada puede desplegar sus fortalezas de «persona introvertida» para **buscar pareja**.
- Una **relación** puede ser muy satisfactoria tanto con una pareja introvertida como extrovertida. Sin embargo, en cada caso hay distintos elementos a tener en cuenta y diferentes obstáculos que superar.
- Resulta imprescindible reconocer y respetar tanto las necesidades propias como las de la otra persona, con respecto a la comunicación y a la convivencia. Cuando una pareja se ve a sí misma como un equipo, es más fácil considerar que las diferencias resultan mutuamente enriquecedoras.
- Es posible que **las personas reservadas que viven solas** estén

satisfechas con su estilo de vida pero quizá corran el riesgo de acabar aisladas, estancadas en su desarrollo personal. Una buena manera de evitarlo puede ser escoger las actividades y rituales correctos.

- Al igual que las relaciones de pareja, **vivir en una familia con hijos** funciona mejor cuando cada uno de los miembros de la familia tiene espacio suficiente para sus necesidades y temperamento. Por otro lado, para ello se necesita consideración y buena disposición para llegar a compromisos, pero también enseña a las personas a comprenderse entre sí.
- **Los niños introvertidos y los extrovertidos** tienen necesidades específicas con respecto a la comunicación y al desarrollo personal. Al criar a los hijos, resulta ventajoso para todos los implicados que los padres conozcan sus propias necesidades y los rasgos de personalidad y que sean capaces de brindar a sus hijos el apoyo correcto.

5

Público y humano: moldear el lugar de trabajo

Simon tiene 27 años y trabaja en el equipo de proyectos de una gran empresa farmacéutica. Comparte despacho con su colega Boris. Simon es una persona reservada y trabaja mejor y con mayor eficacia cuando puede concentrarse en una cosa durante mucho tiempo, sobre todo sin ruido de fondo.

Hay algo que le molesta sobremanera, de forma lenta pero segura: Boris es incapaz de estarse sentado a su escritorio y trabajar de forma continuada, ni siquiera media hora. Tras un cuarto de hora como mucho, o se pone a hablar por teléfono o sale del despacho. Normalmente le dice a Simon por qué lo hace. Simon también es la primera persona a la que Boris recurre cuando se queda bloqueado con algo: prefiere solucionar los problemas hablándolos con otras personas. El comportamiento de Boris aparta regularmente a Simon de su trabajo y le cuesta volver a centrarse, y más teniendo en cuenta que se frustra y contraría. ¿Es Boris consciente de que provoca una molestia? Incluso cuando Simon se arma de valor y saca el tema de compartir despacho (tal como ha hecho varias veces), la situación solo mejora durante poco tiempo. Luego Boris vuelve a su comportamiento habitual.

No podemos elegir a nuestros compañeros de trabajo

En un contexto profesional solo podemos elegir con quién trabajamos hasta cierto punto. Los compañeros, los clientes, los directivos... todos tienen personalidades distintas y objetivos, sentimientos, manías e intereses propios. Puede resultar estresante, sobre todo para las personas reservadas que trabajan mejor cuando se las deja tranquilas. No afecta a todo el mundo igual que al reservado y sensible Simon, que tiene que compartir despacho con el súper extrovertido Boris.

Éxito introvertido en todos los sectores

Pero ¡las personas reservadas no son una minoría! Esto implica que los introvertidos no son únicamente analistas, auditores, investigadores o especialistas en TIC. Se puede decir que en todos los sectores los introvertidos tienen (por lo menos) tanto éxito como los extrovertidos, con sus propios recursos y fortalezas. Además, cosechan muchos más éxitos en algunos ámbitos: la revolución digital y el desarrollo de las redes sociales, por ejemplo, no se habría producido sin que los tenaces obsesos de la informática se dedicaran a teclear sobre un tema determinado. (Por otro lado, seguro que habría menos *hackers*...)

El éxito de los introvertidos en la jornada laboral normal

Este capítulo no está pensado para sustituir a manuales sobre profesiones y directivos o ejecutivos. Aquí el énfasis también recaerá en las fortalezas y necesidades de las personas introvertidas, pero dentro del contexto profesional. Los temas con los que tratamos aquí cubren las cuestiones más importantes y los puntos de presión con los que se encuentran a menudo las personas introvertidas en el ámbito público. ¿Cómo trabajar en equipos profesionales? ¿Cómo dirigir como persona introvertida de forma adecuada? ¿Cómo mostrar tus logros, sobre todo cuando no te gusta hablar de lo que haces y de lo que has conseguido? ¿Cómo puedes, como introvertido, emplear canales de comunicación de forma que encajen con tus necesidades? El capítulo acaba con un factor de estrés que no resulta muy visible, pero que no por ello es menos tangible, y con el que tienen que lidiar muchas personas: ¿cómo pueden ocuparse de su bienestar las personas introvertidas durante los viajes de negocios? Hay una cuestión fundamental: ¿cómo diseñas tu comunicación para que se amolde a ti y te haga conseguir éxito profesional?

Los ámbitos importantes de la vida profesional como las relaciones con clientes, las negociaciones, las conferencias públicas y la comunicación durante las reuniones se abordan con más detalle en los capítulos 6 a 9.

Las personas reservadas que forman parte de un equipo

¿Son los introvertidos incapaces de trabajar en equipo?

A las personas reservadas les gusta trabajar solas y se ocupan de manera más intensa de sus procesos internos. Esto levanta la sospecha de que no son tan buenos para el trabajo en equipo como sus colegas extrovertidos, que incluso extraen energía del trabajo en equipo. Pero no es cierto. Algunos proyectos fracasarían sin personas introvertidas, con lo que limitarían de forma considerable el rendimiento del grupo. Hay otras dos afirmaciones ciertas: en primer lugar, que los introvertidos que trabajan en un equipo son infravalorados y, en segundo lugar, que los introvertidos suelen comportarse de forma distinta de los extrovertidos en un equipo.

El miembro del equipo infravalorado

Las personas reservadas son reservadas, ¿por qué iban a ser distintas en un equipo? Esta reserva también puede funcionar muy bien en un grupo si se reconocen los logros de los miembros reservados, lo cual depende de varios factores: el entorno profesional, la cultura de la empresa, la actitud de los compañeros y directivos, y también la proporción de personas introvertidas y extrovertidas dentro del equipo.

Sarah, una conocida, trabajó hasta hace unos meses en el departamento de recursos humanos de un conglomerado de empresas británicas. Ella y otro colega introvertido eran una minoría clara dentro de un entorno de personalidades claramente extrovertidas. Su líder de equipo, muy extrovertida, le dejó bien claro que no la quería dentro de su equipo: Sarah le parecía demasiado sosa y consideraba que mostraba poca iniciativa. Sarah captó el mensaje, se presentó como candidata a un puesto mejor y consiguió el trabajo. Como Sarah no había comunicado sus cualidades con el énfasis necesario, a su jefa extrovertida le habían pasado por alto: era una investigadora excelente, experta en redactar documentos, y tenía contactos muy buenos en muchos ámbitos de la empresa. La jefa no se dio cuenta de lo que faltaba hasta que empezaron a aparecer los problemas: los canales de información se habían interrumpido, los documentos recibían críticas por falta de claridad. Sin embargo, en este caso su ex jefa fue lo bastante justa como para decírselo a Sarah y reconocer que la había juzgado de manera equivocada.

Cuando las cualidades pasan desapercibidas

Muchos introvertidos tienen la misma experiencia que Sarah: son infravalorados, aunque sus fortalezas les permitan rendir de un modo que mejora de forma considerable los logros del equipo. Así pues, algo va mal, pues los extrovertidos no son conscientes de las cualidades de sus colegas introvertidos. Sin embargo, esto no es más que una parte de la verdad: lo cierto es que estos colegas introvertidos no hacen casi nada para garantizar que sus fortalezas y logros sean advertidos.

El trabajo en equipo de los introvertidos

Hacer que los logros resulten visibles

Así pues, la pregunta clave es: ¿cómo puedes siendo introvertido trabajar y comunicarte con tu equipo de forma que tú y tus logros resulten visibles de la forma adecuada? Y ¿qué más puedes hacer para sentirte lo más cómodo posible con tus compañeros... y ellos contigo?

Estrategias para un buen trabajo en equipo

Las buenas respuestas a esta pregunta deberían cumplir dos condiciones: en primer lugar deberían contemplar tus necesidades y luego las necesidades de los miembros extrovertidos del grupo (con los introvertidos, es sencillo...). Las estrategias siguientes aspiran a aunar estos dos puntos de vista.

La comunicación efectiva dentro de un equipo: combina tus necesidades con las necesidades de los demás

1. **Tu necesidad: trabajar solo durante un tiempo considerable sin interrupciones**
   Necesidad de persona extrovertida: Trabajar por fases, debatir hallazgos y resultados y el camino a seguir con los demás.
   Estrategia: Establece rituales para intercambiar ideas e información que tú y tus colegas podáis cumplir, y que te dejen margen de maniobra para concentrarte también en tu trabajo.

Sugerencias:
- Llega antes al trabajo o quédate cuando los demás se marchen: emplea este tiempo «a solas» para dedicar más tiempo a un trabajo en concreto.
- Quédate después de las reuniones para hablar del tema con los demás. Incorpora este tiempo de forma explícita.
- Acuerda con los compañeros disponer de un período de tiempo de trabajo sin interrupciones.
- Divide tu trabajo en franjas horarias y para al cabo de un rato para hablar con los demás sobre el tema. Para ello, emplea también el correo electrónico y el teléfono.
- Si los colegas aparecen sin previo aviso, puedes acordar verte con ellos en otro momento si entonces no te va bien: «Estoy haciendo una cosa urgente. ¿Tienes tiempo de tomar un café después de comer?» Por cierto, esta frase no resulta apropiada en situaciones críticas del tipo que sean.
- Habla con colegas sobre tu trabajo. Sé concreto: «Cómo respondió el cliente X la semana pasada...» Este tipo de consideración se recibe muy bien.

2. **Tu necesidad: disponer de paz y tranquilidad de vez en cuando**

Necesidad de persona extrovertida: mantener conversaciones con los demás de vez en cuando.

Estrategia: Durante los eventos o incluso en días normales busca a propósito momentos en los que puedas comentar con los compañeros los temas que toquen. Planifica el tiempo de descanso de igual modo.

Sugerencias:
- Trata tu trabajo como si fuera un escenario. La ausencia exige cierta presencia. Busca ocasiones para salir del escenario de vez en cuando y descansar: puede ser un paseo en la

pausa del mediodía y, sobre todo, en las situaciones estresantes, incluso una minipausa en el cubículo del baño.
- Queda con alguien para comer. A muchas personas reservadas les gusta almorzar con una o dos personas más. Dedica toda tu atención a las personas que te acompañan.
- Piérdete pequeños módulos de eventos o seminarios, una conferencia, por ejemplo. Emplea el tiempo que ganas relajándote.
- Para que te resulte más fácil, averigua cuáles son las normas informales del equipo: ¿Qué eventos sociales y encuentros son importantes y cuáles no? Compórtate de la forma pertinente, lo cual significa:
  - Ten el valor de no participar en encuentros poco prioritarios, por ejemplo, ir a tomar algo a un bar después de un día agotador en un evento. Compensa el hecho de no participar, apuntándote a otra actividad mientras tus niveles de energía siguen siendo relativamente elevados. Por ejemplo, ve la primera noche pero no la segunda.
  - Sugiere actividades que a ti te gusten, como ir a una cafetería nueva, organizar un regalo para el cumpleaños de un compañero.

3. **Tu necesidad: hablar menos – trabajar más**

Necesidad de persona extrovertida: emplear la comunicación para demostrarte con quién estás tratando y qué impresión das.

Estrategia: Comunícate con un objetivo claro en mente.

Sugerencias:
- Sobre todo si te gusta trabajar solo, deberías recopilar todos tus logros. Por escrito. Es bueno para la confianza en ti mis-

mo y hace que resulte más fácil mencionar algo en el momento adecuado, cuando encaje: «Acabo de finalizar un proyecto muy similar, es decir...»
- No consideres que las reuniones son una pérdida de tiempo. Emplea la información del capítulo 9.
- Mantente en contacto con personas que admires, para ello emplea los consejos del capítulo 6.
- Utiliza tu capacidad de observación y de análisis: ¿qué importa a las personas que te rodean? ¿Qué les gusta? Demuestra de vez en cuando que te has fijado en sus intereses. «¿Todavía te interesa la exposición de Botticelli que hacen en Berlín? Mi hermana ha ido y dice que vale la pena visitarla.»
- Descubre tu sentido del humor personal. Utilízalo para captar atención positiva. Excepciones: sarcasmo e ironía.
- Ayuda a tus compañeros (¡y jefes!) extrovertidos resumiendo los puntos clave en las conversaciones o fomenta y apoya decisiones.
- Asume responsabilidades y comunícate en consecuencia: presenta los resultados del equipo si pertenecen a tu ámbito. Explica las tareas y las expectativas con claridad cuando inicies algo nuevo o tengas un nuevo compañero. Habla con la gente si algo no funciona del todo bien.
- Procura centrar tu comunicación de la forma adecuada, sé una *persona resolutiva* y no una *persona con reservas*, así pues, di: «¿Cómo podemos asegurarnos de que la entrega llega a tiempo de todos modos?», en vez de: «¡Eso no va a llegar a tiempo de ninguna de las maneras!» Ambas reacciones surgen de la misma situación...

- Asegúrate de que se celebren los hitos: al hacerlo refuerzas la sensación de trabajar juntos en un momento positivo, y

> pones de manifiesto la buena labor del equipo. Sobre todo, invita a los directivos.

Estrategias de liderazgo para personas introvertidas

¿Eres una persona reservada que ocupa un puesto de dirección? En ese caso, estás en buena compañía. ¡Hay muchos jefes reservados que cosechan grandes éxitos! Existen motivos para ello. En su libro sobre jefes introvertidos, Jennifer Kahnweiler (2009) apunta a tres fortalezas específicas que suelen tener los directivos reservados: en primer lugar, no les cuesta ir más allá de su propio ego por el bien de su ámbito de responsabilidad (en este libro: fortaleza 7 – independencia); en segundo lugar, tienen confianza en sí mismos de forma relajada (aquí fortaleza 5 – calma); y en tercer lugar, son especialmente competentes desde un punto de vista social porque tienen en cuenta sus necesidades y las de sus compañeros (aquí: fortaleza 4 – saber escuchar, y fortaleza 10 – empatía). Los jefes reservados suelen dar a sus colegas activos y motivados espacio para implementar ideas y desarrollar capacidades.

No obstante, también existen factores con los que los ejecutivos reservados tendrán que lidiar: estrés, redes perdidas, falta de autoproyección o dar una impresión equivocada o inadecuada a los demás. Esto tiene relación con el modo de comunicación preferido de las personas reservadas, así como de los muchos y variados obstáculos con los que ya te habrás familiarizado en el capítulo 3.

Salir de la zona de confort

Para una persona reservada, asumir un cargo directivo suele suponer un gran salto fuera de su zona de confort. De repente ya no se trata de dedicarse a un ámbito manejable de forma extraordinaria: tiene que poner en práctica sus habilidades comunicativas para hacer que distintos departamentos, con sus respectivos miembros, trabajen juntos como en una orquesta. Si son propensos al exceso de atención al detalle (obstáculo 2), a evitar el contacto (obstáculo 9) o a evitar el conflicto (obstáculo 10), entonces la silla del jefe corre el peligro de convertirse en una pesadilla. Los nuevos problemas y las nuevas responsabilidades pueden empezar rápidamente a parecer difusos, incomprensibles o caóticos, y que no tienen nada que ver con la experiencia anterior que hacía que muchas decisiones fueran más fáciles y rápidas de tomar.

Hay personas reservadas que se niegan con firmeza a ocupar un cargo ejecutivo oficial (o que prefieren trabajar como autónomos, porque así son el máximo de independientes posible). Es una opción totalmente válida. Sin embargo, si te encuentras en la tesitura de decidir si ascender en la jerarquía de la empresa, ten una cosa clara: el hecho de salir de tu zona de confort no debe ser lo que te impida aceptar el cargo. Tal como hemos dicho, hay algunos jefes «reservados» que son extraordinarios.

Entremos en mayor detalle: ¿qué hace que estos jefes reservados destaquen como líderes? La respuesta radica en cuatro estrategias básicas.

Estrategia ejecutiva 1: Aumenta la confianza en ti mismo

El contexto resulta sencillo: si ocupas un cargo ejecutivo y no estás convencido de tus fortalezas y capacidades, te resultará difícil convencer a tus colegas de que las tienes. Ello se debe a que emites demasiadas señales, tanto a nivel verbal como gestual, que transmite el mensaje: «En realidad, no me considero tan convincente.» No se trata de invitarte a adoptar una actitud de demostración de fuerza tipo «King-Kong»; además, dado que eres una persona reservada tampoco ibas a rebajarte a hacer tal cosa. Pero deberías y podrías cultivar una sensación de confianza sana en ti mismo. Sé consciente de tus fortalezas y acepta tus puntos débiles sin reparo, independientemente de la reacción de las personas que te rodean. La confianza en uno mismo y el autoconocimiento están íntimamente ligados.

> Reforzarás tu autoestima si te preguntas de forma regular: ¿qué he hecho hoy realmente bien?, ¿qué fortalezas he puesto en práctica?

Lleva un registro de tus éxitos

Muchas personas reservadas son muy autocríticas porque analizan su comportamiento, la forma como se comunican y sus pensamientos de forma constante y lo procesan todo de forma interna. ¿Eres una de esas personas? Si es así, plantearte algunas preguntas te ayudaría a dirigir tus pensamientos hacia un aumento de tu autoestima. Pregúntate cada noche: ¿qué me ha salido bien hoy? ¿Qué fortalezas he puesto en práctica? Si quieres reforzar la confianza en ti mismo de forma especialmente eficaz, lleva un registro de estos éxitos y escribe una entrada a diario. Enseguida advertirás que tu perspectiva cambia y que la confianza en ti mismo va en aumento.

Si consideras que deberías trabajar más duro en la confianza en ti mismo, probablemente te ayudaría recurrir a un *coach* experto en la vida profesional.

Estrategia ejecutiva 2: Presta total atención a la persona que tienes delante

Esta segunda estrategia está directamente relacionada con la empatía (fortaleza 10), pero también con fortalezas como la concentración (fortaleza 3) y saber escuchar (fortaleza 4). Así cambias la perspectiva de tu persona a las personas que te rodean: tus superiores, colegas y compañeros de trabajo.

Los superiores introvertidos pueden tener un impacto cada vez mayor, dedicando atención plena a su interlocutor. Esta capacidad se demuestra especialmente:

- al ser capaz de ver al interlocutor como una persona, no necesariamente desde un punto de vista profesional (el niño enfermo, el destino preferido para las vacaciones)

- al ser capaz de mantener una conversación con sustancia
- al ser capaz de escuchar sin prejuicios (es decir, sin una valoración instantánea o actitud crítica) y mantener la discreción
- al ser capaz de tomar en serio la opinión de otras personas sin tener en cuenta el estatus o la jerarquía e incluirlas en tus propias consideraciones.

Construir una presencia fuerte a través de la empatía

Un ejecutivo atento irradia una presencia potente. La primera estrategia ejecutiva no basta para ello: las personas que confían solo en su propia confianza y se mantienen introspectivas no están presentes de forma eficaz —no se conectan con el mundo que les rodea, aunque presten atención a los ritos sociales de intercambio de ideas e información—. Todos notamos si alguien nos escucha con interés genuino y nos dedica atención plena.

Un jefe que se muestra atento con sus superiores, colegas y compañeros de trabajo de esta manera goza de varias ventajas: dispone de un acceso a la información más fácil y mejor porque a la gente le gusta hablar y confiar en él/ella. Sabe qué motiva a los miembros de su equipo porque es consciente de lo que les importa: más tiempo en casa, un aumento de sueldo o un proyecto emocionante en perspectiva. Sabe quién es la persona idónea para un trabajo concreto y quién podría beneficiarse de la colaboración de un mentor o *coach*. Es decir, está totalmente presente. Y los trabajadores se sienten cuidados y tenidos en cuenta.

Estrategia ejecutiva 3: Procura disponer de una buena visión general

Ten siempre presentes los objetivos de la empresa

Los buenos ejecutivos van más allá del próximo proyecto. Tienen una idea completa de los objetivos de la empresa y de la función y capacidades de su departamento. Por ello saben distanciarse de la labor cotidiana y actuar con flexibilidad y cambiar los planes con rapidez (porque continuamente ocurren cosas inesperadas) y establecen prioridades (porque siempre hay demasiado por hacer).

Planificación: el fuerte de los introvertidos

Las personas que planifican los objetivos y el desarrollo de su departamento también consiguen tener una visión global, incluso cuando solo pueda implementarse una parte del plan. Planificar es el fuerte de muchos ejecutivos reservados, lo cual encaja bien con sus fortalezas: es mejor hacerlo por escrito (fortaleza 9), con una visión analítica detallada y una división en subobjetivos con prioridades establecidas (fortaleza 6) y con una idea clara de lo que es esencial (fortaleza 2). La perseverancia (fortaleza 8) también ayuda a conseguir los objetivos planeados.

Si aplicas la tercera estrategia para ejecutivos, advertirás tres cosas: en primer lugar, que eres eficaz. En segundo lugar, que te resulta más fácil motivar a otras personas, fijar objetivos y propósitos, sobre todo cuando también aplicas la estrategia 2. En tercer lugar, te resultará más fácil comunicarte con tus superiores sobre tu ámbito de trabajo y reclamar decisiones o interceder por ellos: empezarás a ser visto como un ejecutivo que sabe exactamente lo que hace. ¡Lo cual, por supuesto, es cierto!

Estrategia ejecutiva 4: Perfecciona tu capacidad de diálogo y de lidiar con los conflictos

Preocúpate de la comunicación en el seno del equipo

Como ejecutivo, no solo eres responsable de cumplir los objetivos de productividad y asegurarte de que el trabajo se lleva a cabo. Otra de tus funciones es preocuparte de la comunicación: ¿qué tal trabajan juntos los miembros del equipo? ¿Qué tal se comunican los demás niveles ejecutivos y unidades de trabajo entre sí? ¿Quién debería reunirse con quién? Cualquiera que no se plantee preguntas como estas enseguida sufrirá las consecuencias: los conflictos aumentarán, el silencio provoca pérdida de información y de recursos posibles, las personas que no intercambian ideas provocan malentendidos o tienden a formar camarillas.

Esta estrategia de dirección se basa en tus habilidades sociales. A continuación mostraremos cuáles son las oportunidades y ventajas, con el título «Diálogo» y «Conflicto».

Diálogo

Durante unos treinta años los americanos han empleado un término muy sugerente («*Management by walking around*») para referirse a un tipo de diálogo productivo que entablan los directivos y que viene a ser algo como «dirigir paseándote por la oficina». El principio es sencillo: cuando te paseas por tu lugar de trabajo debes procurar conversar y comunicarte con los compañeros y empleados. Como persona introvertida, te resultará especialmente placentero en este contexto hablar con una sola persona o por lo menos con unas pocas. También escucharás más, se puede hablar con más profundidad entre solo dos personas o en un grupo reducido que en una reunión del equipo al completo.

Así pues, ponte en marcha: conversa con tus superiores, colegas y empleados en su zona de trabajo (o incluso donde comen). Utiliza los viajes de negocios, el ascensor, los ratos mientras esperas a otras personas y los eventos sociales para entablar una conversación. Emplea la estrategia ejecutiva 2 y presta atención total a quienquiera que hable contigo. ¡Sé un jefe fácil de abordar!

> Dirige a tu equipo paseándote por las zonas de trabajo.

Con este tipo de gestión conseguirás dos cosas: primero, sabrás más. Más acerca del ambiente (entre otras cosas, acerca de conflictos y acoso; véase más adelante), noticias y sorpresas, asuntos confidenciales y privados, potenciales y problemas. En segundo lugar, te convertirás en un directivo sumamente apreciado, y se te verá como una persona que está al corriente de lo que pasa en el negocio. Al fin y al cabo, es imprescindible que estés al corriente de las preocupaciones de las personas que te rodean.

Conflicto

El conflicto es totalmente normal. Las personas son distintas, diferentes en lo que sienten, quieren o hacen, en sus costumbres e idiosincrasia. Hay algo totalmente cierto para todo tipo de contextos laborales en los que personas (es decir, colegas, clientes y socios empresariales) de distintas generaciones, tradiciones y culturas se encuentran: las diferencias de personalidad suelen provocar conflictos si aparecen desacuerdos. Los dos compañeros de despacho Simon y Boris que conociste al comienzo de este capítulo difieren en ámbitos que claramente pueden presentar un potencial de conflicto.

El conflicto también es fuente de oportunidades

Los desacuerdos, de por sí, no tienen por qué provocar fricciones graves. Se identifican porque se convierten en una carga emocional para las personas implicadas y tienen un impacto negativo en el lugar de trabajo. Los conflictos acarrean un riesgo: si no se abordan y gestionan, no desaparecen sino que aumentan, igual que el sentido de carga y el impacto negativo. Los conflictos graves pueden llegar a arruinar por completo la capacidad de trabajo en común de un equipo. Pero, si los conflictos se abordan y discuten, también ofrecen oportunidades: en esos casos, un conflicto puede ser un sismógrafo de los problemas, medir los «niveles de comunicación» y ayudar así a mejorar la comunicación, pero también situaciones, procesos o el comportamiento en general. Esta mejora es otra de las labores de la directiva.

Aborda el conflicto de forma activa

Por estos dos motivos —el posible daño y la posible mejora—, los ejecutivos deberían ser capaces de lidiar de forma activa con el conflicto y adaptar sus estrategias de comunicación a las diferencias de personalidad, es decir, para que resulten adecuadas tanto para un japonés como para un francés, a quienes están haciendo prácticas y a los directivos más veteranos y, por supuesto, a introvertidos y extrovertidos. Conociste a Simon y a Boris al comienzo de este capítulo. Su jefe advirtió la tensión que había entre ellos y apaciguó la situación adjudicando a Simon un pequeño despacho individual cuando la sección de proyectos se trasladó de edificio, y colocó a Boris en un despacho compartido con otra persona extrovertida.

El acoso en el lugar de trabajo

La gestión de conflictos también implica abordar el acoso laboral. Si mantienes un diálogo adecuado con tus empleados, probablemente descubrirás que existen problemas. Pero como persona reservada que eres, es posible que te resulte difícil hablar de temas desagradables y hacer algo al respecto, sobre todo si la evasión (obstáculo 5) o evitar el conflicto (obstáculo 10) se cuentan entre tus características. No te preocupes demasiado: ¡el conflicto es un polvorín también para los extrovertidos!

Dar a conocer tus logros

Por qué los introvertidos pierden ascensos

Por muy eficaces y competentes que sean las personas reservadas en el trabajo, suelen tener un problema en un ámbito: no les gusta darse bombo y se muestran críticas con las personas que se hacen autobombo y con los charlatanes. Esa es una de las caras de la moneda. La otra cara es que las personas reservadas suelen quedar apartadas de los ascensos, por el mero motivo que quienes toman las decisiones no saben suficiente acerca de sus logros y éxitos.

 Dos preguntas para ti

¿Qué posibilidades crees que tienes de poner en práctica las cuatro estrategias ejecutivas con éxito?

¿Cómo puedes mejorar en las estrategias individuales?

Estrategia ejecutiva	Mis capacidades	Enfoque para la mejora
1. Aumentar la confianza en uno mismo	_____	_____
2. Prestar atención	_____	_____
3. Tener una visión general	_____	_____
4. Perfeccionar la gestión de conflictos y las capacidades comunicativas	_____	_____

Principios para que la comunicación funcione en el trabajo

Es obvio que la estrategia de éxito se encuentra en un punto medio: no deberías darte autobombo ni ser un charlatán, pero deberías asegurarte de que tus logros resultan visibles de manera suficiente y apropiada. Los siguientes principios te ayudarán a dar a conocer tus fortalezas y éxitos.

 Comunicarse por el bien de tu carrera: cinco principios para la vida diaria

Principio 1: Mantén a tus superiores en mente y, sobre todo, ¡asegúrate de lo que haces!
Escribe todo aquello que consideres un logro: éxitos de ventas, proyectos terminados, problemas resueltos, comunicación exitosa con colegas y clientes (difíciles). Es fácil olvidarse de las cosas que no se anotan. Resulta incluso más relevante pensar que tu lista de éxitos te ayudará si, por regla general, eres demasiado crítico contigo mismo. Piénsalo: si no estás convencido de tus propios logros, ¿cómo lo van a estar otras personas? Evita la autocrítica excesivamente feroz y el perfeccionismo inapropiado con la lista objetiva de tus logros. Esta práctica te enseñará también a tenerlos en cuenta.

Repasa esta lista cada seis meses, toma un folio y resume los éxitos más notables a lo largo de ese período. Si eres un empleado que trabaja para alcanzar objetivos fijados por tus superiores, dichos objetivos funcionan como una base perfecta, y ¡te ofrecen argumentos para pedir aumento de sueldo! Tal vez el hecho de disponer de tu «catálogo» de éxitos resulte incluso más importante. Así prestarás atención a tus logros, algo que se pasa por alto con demasiada frecuencia. También eres más consciente de lo que te resulta fácil y de tus intereses. El efecto: ¡mayor confianza en ti mismo! Obtendrás mejores resultados en la implementación de este principio si sabes qué cuenta en tu contexto profesional:

- ¿Qué cuenta como éxito?
- ¿Qué se considera de especial importancia?
- ¿Qué habilidades específicas se necesitan?

Procura que los éxitos que anotes se correspondan con las respuestas a estas preguntas.

Este principio también funciona muy bien con los superiores que tienen tendencia a la microgestión: acostúmbrate a enviarles con regularidad (al final de la semana o cada quince días, por ejemplo) un breve resumen de la situación de los proyectos actuales, una página como mucho, y no es mala idea dividirla siguiendo un esquema concreto. Algunas de las secciones probadas son: título, avance (con puntos), cosas por hacer, cuestiones por zanjar. La persona que recibe esta información los viernes puede relajarse.

Principio 2: Establecer contactos con colegas y superiores
Los logros suelen ponerse de manifiesto en entornos profesionales tales como las conversaciones con trabajadores, en las reuniones y en las conferencias. Pero esta comunicación «oficial» no hace más que ofrecer una plataforma para asegurar que resultas visible; también debes crear tu propia red profesional dentro y

fuera del lugar de trabajo. Queda para comer con colegas seleccionados. Asiste a eventos informales como una fiesta de cumpleaños. Haz amigos fiables. La estrategia ejecutiva 4 y el capítulo 6 te ayudarán a poner en práctica este principio.

Principio 3: Demuestra lo que te interesa
Si cumples con regularidad el principio 1, sabrás qué te resulta fácil y qué te interesa. Basa la posible proyección de tu carrera en ello: lo mejor es decantarse por lo que te gusta hacer y hacerlo bien.
Pero las personas que te rodean no son adivinas. Así pues, si te interesa un proyecto concreto o un campo de trabajo, menciónalo (como de pasada) a las personas adecuadas. Y te resultará más fácil si sigues el principio 2...

Principio 4: Asume responsabilidades
Puedes hacer muchas cosas que no son necesariamente «tu trabajo», pero que ponen de manifiesto lo que sabes hacer. Toma la decisión consciente de dedicarte a una parte de un trabajo concreto y asume la responsabilidad del mismo.
Podría ser negociar con un cliente difícil a quien otras personas evitan. También podría ser hablar con un comité directivo. Ten algunas cuestiones en mente cuando vayas a reuniones, haz que las incluyan en el orden del día a tu nombre y ármate de valor para presentar la situación tal como es o presenta informes de progreso, incluso cuando tus superiores estén presentes en la reunión.
Asumir responsabilidades significa ser visible: otras personas advierten lo que representas y tu labor. La responsabilidad también implica riesgo: podrías venirte abajo con un trabajo en con-

creto y eso también se notará. Pero, si las carreras profesionales fueran tan sencillas, ¡cualquiera cosecharía grandes éxitos!

Principio 5: Delega responsabilidades
No, este punto no contradice el principio anterior. Solo puedes asumir responsabilidades si delegas ciertos temas que activarán a otras personas y que ya no suponen un reto para ti. Aunque te resulte difícil, sigue adelante, delega en tus empleados, cede responsabilidades si consideras que una persona específica puede encargarse del tema. Resultado: las personas competentes se motivan cuando se les presenta un reto y, por consiguiente, los demás se fijan en ellas. Así pues, te resultará más fácil atraer a personas competentes a tu equipo. Esta estrategia resulta beneficiosa para ti porque te permite dedicar más tiempo a tus ámbitos de responsabilidad, los que consideraste importantes de acuerdo con el principio 4.

Pero, cuidado: delegar responsabilidades también tiene un precio. Podría ser que tuvieras que orientar un poco a Joanne antes de que pueda organizar el evento. Lleva su tiempo. También es posible que Richard no sea capaz de abordar la presentación, en cuyo caso la responsabilidad también recaerá sobre ti, en tanto que superior inmediato. Lo mismo puede decirse del principio 4: la responsabilidad también supone un riesgo. Pero los posibles beneficios son que tu carga disminuirá en cuanto Joanne tome protagonismo y tenga su primera experiencia como coordinadora. Y, cuando Richard domine el arte de hacer presentaciones, tú también saldrás ganando.

Aprovecha los canales de comunicación

El teléfono y el correo electrónico son, con diferencia, los canales de comunicación más habituales en el ámbito profesional, junto con el contacto personal. Los teléfonos inteligentes que también sirven para enviar y recibir mensajes de correo implican que estamos disponibles en todo momento aunque no estemos en el entorno laboral, o al menos muchas personas con las que nos comunicamos lo dan por supuesto.

La mayoría de las personas prefieren uno de los dos canales. En mi experiencia, la mayoría de las personas reservadas prefieren el correo electrónico al teléfono, por motivos que se esclarecerán en secciones posteriores. Pero, dejando de lado las preferencias, la naturaleza del asunto que estamos tratando y la persona implicada en el diálogo hace que, a veces, resulte más apropiado el correo electrónico y otras, el teléfono; así pues, necesitamos ambos modos de comunicación en la vida laboral. Vamos a plantearnos la cuestión de cómo tú, como persona reservada, puedes emplearlos del mejor modo posible para ti y otras personas. Pero ten en cuenta una cosa: existen ciertas situaciones en las que solo deberías comunicarte cara a cara, por ejemplo, si informas a alguien de un embarazo, para despedir a un empleado o para hacer una crítica.

El teléfono

Las personas reservadas y el teléfono no siempre se llevan bien. A muchas de ellas el sonido del teléfono les parece una interrupción. Esto se aplica especialmente a las personas a las que les gusta trabajar en un proyecto dedicándole sesiones largas, pero también es cierto en general: una llamada de teléfono te hace perder concentración y también energía; las personas introvertidas se sienten un tanto presionadas por el auricular del teléfono. Existen dos motivos primordiales para ello: para empezar, la persona que responde a la llamada tiene que sintonizar directamente con quien llama y sus deseos. Resulta más difícil que en un encuentro cara a cara porque, aparte de la información obtenida mediante la voz (es decir, el tono, el volumen, la velocidad y la entonación), no hay lenguaje corporal que ayude a interpretar el mensaje. Además, por teléfono se espera una respuesta inmediata a lo que se acaba de decir; a diferencia de por escrito, pues no hay intervalo de tiempo prefijado. Esto significa que, a menudo, las personas reservadas no solo se sienten interrumpidas cuando suena el teléfono, sino que se sienten secuestradas por este modo de comunicación. Las personas extrovertidas suelen considerar una llamada de teléfono como una oportunidad de intercambiar ideas entretanto y considerarlo menos una interrupción que un estímulo placentero procedente del mundo exterior.

> Para las personas reservadas, una llamada telefónica suele resultar estresante y provocar la sensación de impotencia ante una situación determinada.

Las llamadas de teléfono como desafío

Las personas reservadas también son más vacilantes cuando surge la necesidad de llamar a alguien por dos motivos concretos. Para empezar, es más probable que las personas introvertidas se planteen si la llamada resultará inoportuna o molesta para la persona a la que desean llamar, ya se trate de un cliente, un jefe o un colega. El trasfondo de ello debe de ser su propia reacción a las llamadas de teléfono: si a los introvertidos el teléfono les parece una molestia, es probable que consideren que otras personas reaccionarán del mismo modo cuando llamen. En segundo lugar, una llamada de teléfono es un salto a lo desconocido si eres tú quien llama: ¿y si el jefe sale con otro tema, o si el cliente al que llamas se queja de algo? ¿Y si el colega quiere charlar de esto y de aquello y la llamada se prolonga más de la cuenta? Para los introvertidos tener que llamar a alguien que no conocen resulta una prueba de «resistencia», pues supone un gran salto hacia lo desconocido. Que haya personas introvertidas en un *call centre* debe de ser una verdadera rareza...

Consejos para telefonear sin estrés

Quedan dos preguntas para las buenas comunicaciones en la oficina: ¿cuándo deberías llamar a alguien en vez de enviar un correo electrónico? y ¿cómo reducir el estrés que telefonear y recibir llamadas puede provocar con tanta facilidad en las personas introvertidas?

Telefonear: ventajas y limitaciones de estrés

Llama a alguien

- si puedes explicar algo con brevedad, de forma directa y rápida: en tal caso, llamar por teléfono te ahorrará más tiempo que enviar un mensaje de correo electrónico
- si quieres decir a la persona que llamas algo «sensible» que no debería ponerse por escrito de antemano (o porque podría malinterpretarse con facilidad). El tono de tu voz ofrece información adicional y el teléfono es la forma más discreta de comunicación en este caso si no os podéis ver cara a cara
- si necesitas negociar algo. Por ejemplo, si intentas llegar a un acuerdo acerca de un precio de venta, una llamada resulta más discreta que un mensaje escrito debido a la naturaleza «sensible» del asunto. También te evitarás el intercambio constante de mensajes hasta llegar al acuerdo en cuestión.

Cómo evitar la parte difícil del hecho de telefonear
Si eres quien llama
Haz anotaciones antes de la llamada. Escribe títulos para ayudarte a desarrollar la llamada: cuestiones no resueltas, preocupaciones, puntos de información, lo que resulte importante en la llamada. La ventaja es que estarás poniendo en práctica la fortaleza 7, escribir, y, por lo tanto, tendrás una línea clara por delante. Si la llamada de teléfono reviste especial importancia y/o te asalta la incertidumbre, incluso puedes escribir la frase inicial y la conclusión.
Asimismo, puedes emplear esta frase si no consigues contactar con la persona en cuestión y tienes que dejar un mensaje en un contes-

tador automático o buzón de voz. Puedes corregir o borrar un mensaje cuando lo hayas grabado. Pero no te preocupes, si tienes la posibilidad de dejar un mensaje hablando en titulares, entonces dirigirte a una máquina resulta mucho menos estresante e implica menos tiempo para repensarse las cosas y menos palabras irreflexivas, que te hacen sonar como si no dominaras la situación.

Un buen mensaje en un contestador automático debería ser conciso. Proporciona la información siguiente a través de frases completas:

- tu nombre
- el motivo de la llamada
- tu número de teléfono
- qué quieres transmitir: ¿qué debería hacer el receptor de la llamada?
- y acaba con una despedida amable (ejemplo: «Muchas gracias de antemano por devolverme la llamada – Susan Williams»).

Si te preocupa molestar a alguien, di desde un buen comienzo: «Necesito unos cinco minutos, ¿es un buen momento?» Esta pregunta es especialmente importante si llamas a un móvil, pues no sabes dónde está la persona en ese preciso instante. Si notas que tu interlocutor está bajo presión, propón llamar en otro momento, y que sea un momento que puedas gestionar y manejar con un umbral bajo de inhibición.

Si alguien te llama
Primero plantéate: ¿Puedo responder ahora a la llamada y quiero hacerlo? A veces es más fácil decidirlo si reconoces el número desde el que te llaman...

Si la respuesta es «sí», mantén la conversación corta (a no ser que quieras profundizar en un tema). Estipula un espacio temporal enseguida («¿Podemos acabar en cinco minutos? Tengo tiempo hasta las diez») para dar una idea clara a las personas que tienden a «enrollarse» al otro lado de la línea. Si no lo has dicho, también puedes concluir la llamada pensando en el tiempo: «Creo que hemos tratado los temas más importantes. Gracias. Ahora tengo una reunión/cita.» Y recuerda que una reunión contigo mismo también cuenta como reunión. No tienes por qué dar explicaciones...

Si la respuesta es «no», que el contestador automático o el buzón de voz reciban el mensaje. Devuelve la llamada en el momento que te convenga, o envía un mensaje de correo electrónico si prefieres tratar el asunto de este modo.

Por obvio que resulte, a menudo he visto que precisamente a las personas que no les gusta llamar no les parece apropiado no responder al teléfono. Recuerda: el teléfono está para servirte y no viceversa.

Mensajes de correo electrónico

Las personas reservadas prefieren los mensajes de correo como forma de comunicación por varios motivos, en primer lugar, se escriben y, por consiguiente, encajan con la fortaleza 9. Dan a quien escribe más tiempo para pensar y expresarse que el teléfono. Es fácil transmitir la cantidad de cifras necesarias en un único mensaje, lo cual permite la comunicación en grupo aunque cada persona trabaje por separado: una gran ventaja para las personas reservadas que valoran trabajar de este modo. Los mensajes de correo son más cómodos que cualquier forma de comunicación verbal, los niveles de energía son bajos porque es posible comunicarse y estar solo al mismo tiempo.

El correo electrónico como medio veloz

Además, los mensajes de correo electrónico presentan una cualidad que muchas personas introvertidas pasan por alto con facilidad: son rápidos a pesar de estar escritos. A lo que voy es que muchas personas extrovertidas no eligen sus palabras con esmero y se apresuran a pulsar «enviar» en vez de releer lo que tienen en pantalla. Además, la elección de palabras en los correos electrónicos tiende a ser menos formal que en las cartas, y tiene mucho en común con la comunicación oral en cuanto al estilo. Lo digo porque los introvertidos tienen tendencia a pensar que su enfoque esmerado y elaborado es compartido por quienes les escriben. Esto implica que pueden precipitarse al pensar que las palabras de los correos electrónicos significan más de lo que representan en realidad, así pues una expresión escrita rápidamente y de forma descuidada puede considerarse amenazante con facilidad y una respuesta corta cuando no toca puede parecer un corte.

«Rápidamente» también significa que el remitente del correo electrónico espera una respuesta rápida, como en una conversación. Así pues, quienquiera que tarde en responder provoca frustración o incertidumbre: ¿llegó mi mensaje original a su destino?

> Los mensajes de correo electrónico son escritos, pero presentan algunos de los atributos de la comunicación oral.

Falta de señales no verbales

La comunicación oral posee un elemento clave del que carecen los correos electrónicos: no transmiten mensajes no verbales. El tono de voz resulta muy revelador por teléfono, por ejemplo, y nos indica la importancia del mensaje o con qué seriedad habla la persona. Si tenemos a una persona delante, también vemos los gestos, los movimientos que hace y la actitud física, e interpretamos la intención del hablante a través de los mensajes que vemos y oímos más allá de las palabras. Esto no es posible a través del correo electrónico porque solo poseen un tipo de categoría de información: la palabra escrita. Añadir emoticonos no cambia demasiado la cosa, aunque sí demuestra que el remitente ve la falta de lenguaje corporal como una deficiencia, por lo que añade unos cuantos «smileys»: es decir, apenas expresamos sentimientos a través de las palabras sino que los oímos y vemos entre líneas.

La tendencia a interpretar más de la cuenta

El texto puro solo transmite contenido, no declaraciones acerca del estado emocional. Por ello es más probable que los lectores reflexivos (introvertidos) caigan en la tentación de «interpretar algo» en un mensaje escrito: ¿es la respuesta mucho más breve que el mensaje enviado? Podría sugerir distancia. ¿Un correo electrónico escrito a un cliente al que nos hemos dirigido como «Estimado señor Wilson» se responde como «Hola, señorita Mason»? Podría señalar falta de respeto. Si no se transmite demasiada información, incluso los saludos tienden a interpretarse en términos del respeto e interés que sugieren. Esto puede llevar fácilmente a malentendidos y falsas valoraciones. El destinatario interpreta en el texto lo que tiene en mente; no hay ningún alineamiento con la acción del remitente (en forma de señales del lenguaje corporal).

Resumiendo, no interpretes mucho en un mensaje de correo electrónico. Muchos usuarios redactan los mensajes de correo electrónico como si fueran declaraciones habladas: rápido, con poco esmero y sin preocuparse demasiado por la estructura y el nivel de formalidad.

Si el destinatario y el mensaje son adecuados para la comunicación electrónica, entonces úsala. Sin embargo, ten en cuenta una cosa: por cómodo que pueda ser un correo electrónico, no puede ni debe sustituir la conversación directa con superiores, empleados o colegas. Así pues, procura que la comunicación electrónica no se convierta en una estrategia para evitar el contacto personal y telefónico con las personas que trabajan a tu alrededor.

Estrategias para emplear el correo electrónico de forma satisfactoria

El siguiente panel es el equivalente al resumen sobre el uso del teléfono anterior. Te ayudará a comunicarte de forma satisfactoria por correo electrónico.

> **!** **La mejor manera de emplear el correo electrónico**
>
> **Envía un correo electrónico**
> - si quieres expresamente tener algo en blanco y negro: por ejemplo, una cifra acordada, un plazo de entrega o la distribución de tareas en un proyecto. Puede ser el complemento de una llamada de teléfono, como una negociación, si quieres confirmar un acuerdo verbal
> - si tienes poca energía y el teléfono y el correo electrónico resultan igual de adecuados para el asunto a tratar
> - si estás organizando una reunión o plazo de entrega y quieres que todas las personas implicadas dispongan de la misma información. Una ventaja añadida es que un mensaje de correo puede enviarse a varios destinatarios y es fácil adjuntar pequeños documentos, como el orden del día, por ejemplo, o incluso mejor, incluirlos en el cuerpo del mensaje
> - si tratas con un destinatario que no conoces y no sabes a ciencia cierta cómo se comunica verbalmente. Un correo electrónico te ofrece una mayor seguridad (¡tienes tiempo para pensar!) y no consume tanta energía
>
> Benefíciate de las ventajas de los correos electrónicos, pero no permitas que sustituyan el contacto directo.

Para concluir, un último consejo: no estés disponible a todas horas. Establece momentos para telefonear y también para leer y enviar correos, la frecuencia dependerá de tu trabajo. ¡Te sorprendería hasta qué punto esta sencilla estrategia alivia el estrés de tu día a día!

Viajes de negocios

El viaje como mal necesario

Aunque me encanta mi trabajo, viajar para visitar a mis clientes siempre es un mal necesario que acepto a fin de poder dedicarme a lo que me gusta. La razón es bien sencilla: viajar resulta estresante para las personas reservadas.

Los viajes de negocios resultan mucho más agotadores para las personas introvertidas que para las extrovertidas. A menudo no hay posibilidad de estar solo, aparte de que la gran cantidad de impresiones y acontecimientos inesperados agotan los recursos de las personas. No me refiero aquí a desastres mayúsculos. El retraso de un tren y la incertidumbre de llegar a tiempo a una conexión resultan agotadores para las personas introvertidas, al igual que las salas de espera o de descanso abarrotadas, todo tipo de empujones pero, sobre todo, los niveles de ruido inesperados. Los portazos o las conversaciones en el pasillo, incluso en un buen hotel, se cuentan entre mis horrores personales. Las personas que oyen música en el tren a tope con unos auriculares me incitan enseguida a ponerme tapones para los oídos.

Consejos para que los viajes resulten una experiencia placentera

Pero no hay vuelta de hoja: viajar forma parte de la vida profesional de muchas personas reservadas. Las siguientes recomendaciones deberían ayudarte a que viajar te resulte más fácil y atractivo. Hace tiempo que las recopilo para mi propio beneficio...

❗ Consejos de viaje para las personas introvertidas

1. **Buscar la manera de evadirte.**
   Entre las formas de evadirte se incluye todo aquello que te ayude a relajarte y, sobre todo, a recargar pilas de vez en cuando.

   - Planifica escapadas breves a la habitación de hotel durante un congreso o seminario. Para ello, sáltate una conferencia o un acto social. O, como alternativa, come rápido y sáltate el postre. Los profesionales incluso tienen tiempo de echar una cabezadita.
   - Si te lo puedes permitir, viaja en primera clase en el tren (¡en el vagón silencioso!) y en *business class* en los aviones. Supone una gran diferencia disponer del espacio adicional y el nivel de ruido es, o suele ser, menor.
   - Cuartos de baño: los recomiendo para los lectores nerviosos como lugares de retirada en entornos desconocidos. El cubículo de un baño es una zona protegida y, por lo tanto, ideal para respirar a fondo sin público. (Sobre todo si está limpio y bien ventilado...)
   - Los tapones para los oídos también ofrecen una vía de escape a nivel acústico. Lleva siempre un par. También conozco a personas introvertidas que se han decantado por auriculares de alta gama (esos que anulan el ruido exterior por completo) y confían ciegamente en ellos. Además, la gente casi nunca intenta hablar contigo si los llevas.

2. **Define el tiempo que pasas de viaje como una combinación entre «tiempo de contacto» y «tiempo para ti».**
Por supuesto que los viajes de negocios son útiles para establecer contactos. Pero asegúrate incluso en la fase de planificación de que haya comidas y períodos de descanso en los que estés solo. Es importante para recargar pilas. Cuando viajo por algún seminario, como con los participantes una vez como mucho y me reúno con compradores, contactos de negocios o amigos cada dos noches. Es una forma de poner en práctica el principio que encontrarás en el capítulo 6 sobre la creación de redes: prioriza la calidad más que la cantidad.
A veces tendrás que defender tu «tiempo en solitario» negándote a hacer algo: por ejemplo, cuando los colegas, los miembros del seminario u otros contactos te invitan a compartir una comida o a asistir a un evento. Declina la oferta amablemente pero con brevedad. No des demasiadas explicaciones. Prueba a decir: «No, hoy no... pero nos vemos mañana. ¡Pasadlo bien!»

3. **Evita las conversaciones triviales durante los viajes.**
A las personas extrovertidas les gusta charlar con la persona que se sienta a su lado durante los viajes. Si estás cansado, esta situación puede crisparte con facilidad, además de hacerte sentir impotente enseguida. Pero hay algo muy sencillo que puede hacerse al respecto: ten unas cuantas frases preparadas para dejar clara tu postura de forma amistosa si la conversación o la persona que habla contigo empieza a hartarte. Aquí tienes unos cuantos ejemplos:
   - «Ha sido una buena conversación, gracias» (entonces vuelve a mirar al ordenador o a una hoja de papel).

- «Ahora tengo que seguir trabajando» (y ponte enseguida a trabajar).
- «De acuerdo, voy a volver a echar una cabezadita antes de aterrizar.»
- «Gracias por tus consejos, y ahora voy a ver cómo acaba este libro.»
- «Intercambiémonos las tarjetas y ya me pondré en contacto contigo acerca de esta información.»

A veces conocerás a gente interesante durante los viajes que bien podrían ser buenos contactos. Procura intercambiar tarjetas de visita en tales situaciones agradables para poder ponerte en contacto con esa persona después del viaje.

Resumen de los puntos clave

- Las personas introvertidas son tan capaces de trabajar en **equipo** como sus colegas extrovertidos, aunque trabajen empleando medios y énfasis distintos. La variedad que ello aporta a un grupo puede resultar muy fructífera.
- Las necesidades concretas de las personas introvertidas —trabajar sin interrupción, disfrutar de descanso ocasional, comunicarse con moderación— pueden encajar con las exigencias del puesto de trabajo empleando estrategias concretas.
- Las personas reservadas tienen un gran potencial ejecutivo. Su fórmula para el éxito puede resumirse en cuatro **estrategias de liderazgo**: aumentar la confianza en uno mismo, prestar atención plena a la persona que tienen delante, asegurarse de tener

una buena visión general, y mejorar su capacidad de diálogo y de manejo de conflictos.

- Para que tu carrera progrese es importante **dar a conocer tus logros**. Cualquier persona reservada puede conseguirlo comunicándolo de forma expresa. Existen cinco principios que ayudan a ponerlo en práctica: mantén a tus superiores y a ti mismo informados, cultiva los contactos con colegas y superiores, demuestra lo que te interesa, asume responsabilidades y delega responsabilidades en otras personas.

- Muchas personas reservadas prefieren intercambiar mensajes de correo electrónico a telefonear como **herramienta de comunicación**. Telefonear es preferible en ciertas circunstancias y también es posible aligerar buena parte del estrés que supone. La distancia de la persona con la que te estás comunicando puede hacer que el contacto por correo electrónico parezca más agradable, y es recomendable en ciertas situaciones. Pero el correo electrónico no debería servir para evitar el contacto directo.

- Los **viajes de negocios** pueden suponer un gran gasto energético, pero pueden resultar más placenteros tomando ciertas medidas: pasar tiempo a solas de vez en cuando, asegurarse de estar solo antes y después de los eventos sociales, y lidiar con decisión con las personas con las que hablas durante los trayectos.

TERCERA PARTE

Cómo hacer notar tu presencia y asegurarte de que te escuchan

6

Poner a prueba tu valentía: cómo entablar y mantener los contactos

Los seres humanos somos animales sociales. Por eso siempre conocemos gente, no solo porque hay algo de lo que hablar o por hacer, sino porque sencillamente nos gusta estar en contacto con otras personas, por regla general.

Anne (40 años) necesita esta especie de contacto informal para su trabajo. Es flexiintrovertida (una de las introvertidas accesibles desde un punto de vista social que conociste en el capítulo 1) y le gusta tratar con personas. Es la encargada del departamento de relaciones públicas y comunicación de una empresa de tamaño medio y le gusta tratar con distintos tipos de gente: con periodistas tanto como con colegas en casi todos los departamentos de la empresa.

Anne trabaja muchas horas, con mucha variedad e interrupciones frecuentes: la gente se presenta en su despacho de improviso, el teléfono suena. Así pues, a Anne le encanta poner los pies en alto acompañada de un buen libro por la noche y descansar. Pero eso no siempre es posible: en su trabajo se da por supuesto que asistirá a actos y que también estará presente en distintos eventos sociales por la noche. Además, Anne también tiene muy claro lo importante que es entablar y mantener contactos de modo informal. De todos modos, después de veladas como esas, tiene la sensación de haber hablado mucho y no haber conseguido apenas nada. Precisamente hace poco, en un congreso importante en Suiza y después de una larga jornada llena de ponencias, le resultó especialmente agotador ponerse a hablar con gente desconocida por la tarde-noche. Se quedó una hora y media y luego regresó cansada a su habitación de hotel.

Cultivar contactos y conversaciones triviales

Anne no valora demasiado los eventos sociales y se ha percatado de que las conversaciones triviales la agotan enseguida. Sin embargo, es precisamente después de las «actividades obligatorias» cuando las conversaciones con colegas y contactos de empresa (además de desconocidos interesantes) hace que el contacto resulte más relajado que durante la jornada laboral. Las conversaciones triviales resultan esenciales para cultivar las relaciones, aunque parezca que se habla de comida o de la oficina nueva. Las redes personales y profesionales no se construyen durante la programación oficial de un acto. Los contactos verdaderos proceden de las conversaciones con las personas con las que uno tiene sentadas al lado, durante las pausas para el café o cuando se toma una cerveza en el bar, mucho después de que el auditorio se vacíe.

Intercambiar información de forma extraoficial

Lo triste es que cuando los extrovertidos descorchan una botella de vino tras impartir la conferencia inicial, cuando quedan entre sí para verse a la hora del desayuno o para celebrar una miniconferencia en el pasillo, las personas introvertidas prefieren emplear ese tiempo «extraoficial» para descansar del ajetreo o irse a correr en solitario. En este libro sigo recomendando períodos cortos de descanso, pero también deberían usarse con moderación. De lo contrario, pueden suponer una desventaja personal: en estas reuniones informales se contrastan opiniones, se analizan decisiones y se forman alianzas. Fuera de la sala de reuniones y de tu mesa de trabajo es donde se muestra hasta qué punto encajas en el equipo. También ganarás acceso a información que no dispondrías hasta más tarde de forma oficial. O que nunca sabrás.

> Saber entablar relaciones
> es una habilidad profesional necesaria.

Entablar relaciones a tu manera

La capacidad de aprovechar los eventos sociales, dominar las conversaciones sobre temas triviales y crear redes resulta igual de importante para las personas introvertidas que para las extrovertidas. Pero existe una diferencia esencial: a los extrovertidos les gustan estas actividades y el estímulo que les supone, mientras que a los introvertidos les suele resultar estresante y les parece que la conversación informal no tiene ninguna gracia (véase más arriba). Cada red tiene que cultivarse, ampliarse y, a veces, repararse, de forma que cumpla con su función. Ello exige cierta dosis de determinación e inversión de tiempo, energía y, posiblemente, también dinero. Pero los introvertidos también pueden realizar tales inversiones de forma satisfactoria y disfrutar con ello, siempre y cuando gestionen las redes a su manera. En términos concretos, esto significa que el *networking* para las personas reservadas difiere en calidad, y también tiene objetivos distintos. A las personas introvertidas como Anne no les interesa tanto la estimulación. No solo no tienen ningún problema en comer solas sino que disfrutan de ese tiempo en solitario. Tampoco necesitan un gran círculo de conocidos, sino que se sienten satisfechas con unos pocos contactos realmente buenos. Lo que les importa es la calidad de la relación: debe ser duradera y tener sentido para ella a nivel personal.

> El contacto que las personas reservadas valoran debe ser duradero y significativo. La calidad es más importante que la cantidad.

Existe un tipo de *networking* que resulta agradable para las personas reservadas y que se ajusta a estas preferencias. Difiere de forma conveniente del tipo de desarrollo de contactos que prefieren las personas extrovertidas. Este capítulo trata de este tipo de *networking* en concreto.

Cultivar contactos: *networking*

El *networking* engloba todo aquello que tiene relación con los contactos: todos vivimos en redes de relaciones, en nuestra vida privada y en la profesional. Conocemos a personas, y hay personas que nos conocen. Nos conocemos en el seno de la familia y en los círculos de amigos, en clubes deportivos y mientras tomamos una copa con nuestros amigos, en asociaciones profesionales y en los clubes de Rotarios, en recepciones y en congresos. El *networking* se produce siempre que uno no está solo: en una celebración familiar, en una fiesta, en la competición de natación de tu hija o en la cola del cajero de un supermercado. Es decir, todas las actividades de *networking* se basan en establecer y cultivar contactos de forma deliberada.

Un lugar para intercambiar información

Las redes no son camarillas o clubes conspiratorios (aunque hay instituciones a las que es muy difícil o imposible acceder). Básicamente son emplazamientos enormes en los que intercambiar información. Vivimos en un mundo que nos ofrece mucho y también nos exige tomar un sinfín de decisiones. Por ello nos satisface escuchar a personas que nos facilitan las decisiones, por ejemplo, cuando buscamos un médico o un contable, un diseñador gráfico o una buena niñera. Esto se aplica también a las personas que se encargan de la contratación de personal: la experta en *networking* Monika Scheddin estima que el 85 por ciento de todos los nombramientos de cargos directivos se realiza a través de los contactos, es decir, recaen en personas conocidas que han sido recomendadas.

O sea que aquí nos estamos refiriendo a encuentros con personas con las que te asocias y con las que mantienes tal asociación de forma voluntaria. A veces, estas personas se organizan y vinculan por un interés común: por ejemplo, en un grupo que representa ciertos intereses o en un club deportivo. Pero a menudo las redes no se regulan de manera formal, por ejemplo, un grupo de vecinos o de amigos de la universidad que se reúnen una vez al año. Tanto las personas introvertidas como extrovertidas se benefician de estas conexiones más o menos profundas a través de las redes. Pueden ofrecer asesoramiento (acceso a información, perspectivas profesionales, apoyo y formación adicional, comparación entre colegas, consejo y *feedback* de personas competentes con una mentalidad similar) o plataformas (iniciando cooperación y contactos de empresa, haciendo que tu rendimiento resulte visible).

Beneficiarse de las redes

Las redes también pueden aligerar cierta tensión, librándote de un proyecto que escapa a tus capacidades clave, por ejemplo. ¡O contratando a una niñera en grupo! Además, muchas redes pueden mejorar tu calidad de vida ofreciendo deportes y actividades de ocio compartidas, o incluso si tienen alguna relevancia para tu trabajo: desde jugar al golf a hacer senderismo y desde un viaje en grupo a una velada relajada junto a la chimenea dedicada a cocinar en compañía. Hay algo que todas las actividades de *net-*

working en común comparten: ofrecen beneficios mutuos a todos los participantes.

> La pregunta clave: como persona reservada que eres, ¿cómo puedes practicar el *networking* de una forma que encaje contigo y te permita aprovechar tus fortalezas?

Existen muchas guías útiles sobre el *networking*. Ahora quiero volver a plantear una pregunta: como persona reservada que eres, ¿cómo puedes practicar el *networking* sin perder de vista tus fortalezas y necesidades, es decir, de una manera que encaje contigo? Aquí me limito a las estrategias que ofrecen una respuesta a esta pregunta, lo cual no quita que elabores también tu propio plan: encontrarás preguntas después de cada estrategia que te llevarán paso por paso hacia tus propias actividades de *networking*.

Estrategia 1: Plantéate objetivos bien definidos

Tus capacidades analíticas (fortaleza 6) te ayudarán cuando planifiques con un objetivo en mente, pero también lo conseguirás reduciendo las cosas a lo esencial (sustancia, fortaleza 2), así como tu capacidad de concentración (fortaleza 3).

❓ Dos preguntas para ti

1. ¿Qué objetivos buscas con tus actividades de *networking*?

Objetivos personales	**Objetivos profesionales**
Aficiones (incluyendo el deporte)	Contacto con colegas
Aliviar la carga (por ejemplo, apoyo)	Compartir información
Desarrollo personal	Ayuda, formación adicional
Compartir experiencias	Comparación con los demás
Nuevos estímulos	Nuevas perspectivas laborales

2. Así pues, ¿qué redes te interesan?
   Expresa tus respuestas con la máxima precisión posible.

Redes privadas	**Redes profesionales**
(por ej., sociedades, iniciativas, amigos)	(por ej., organizaciones, clubes, colegas cercanos)
_____	_____
_____	_____
_____	_____
_____	_____

Ahora intenta establecer un ranquin: numera las redes que has mencionado en cada columna por separado según su importancia, de forma que las redes más importantes personales y profesionales tengan un 1, la siguiente un 2, y así sucesivamente...

Cuando hayas rellenado el recuadro con tus respuestas, sabrás dónde te vale la pena invertir la energía y otros recursos.

Estrategia 2: Define tus recursos

Como persona reservada, eres especialmente consciente de que los recursos que importan para las redes no son ilimitados. Por consiguiente, es incluso más importante que para este segundo paso estratégico tomes la decisión consciente de cuánto tiempo y energía quieres «gastar» y en qué.

 Dos preguntas más para ti

1. ¿Cuál de los siguientes recursos puedes, y quieres, invertir en tus actividades de *networking*?

Redes privadas	**Redes profesionales**
Tiempo: _____	**Tiempo:** _____
(al día/semana/mes)	(al día/semana/mes)

Necesitas tiempo para actividades tales como asistir a eventos, cultivar contactos, comunicación y para cargos (honorarios).

Dinero: _____	**Dinero:** _____
(¿al día/semana/mes?)	(¿al día, semana, mes?)

2. Necesitas dinero para cosas como cuotas de socio, gastos de viaje, alojamiento y comida y también cuotas de asistencia.
2. Ahora distribuye los elementos de una manera más específica: ¿qué porcentaje de tu tiempo y dinero quieres invertir en cada red? En «uso» especifica exactamente para qué usarás el tiempo.
2. Llegados a este punto deberías tener en cuenta las prioridades que estableciste con anterioridad bajo la estrategia 1 (pregunta 2): a mayor importancia de la red, más recursos deberías invertir en ella.

Redes privadas　　　　　　**Redes profesionales**

Red: _____ Uso: _____　　Red: _____ Uso: _____
Tiempo: _____ Dinero: _____　　Tiempo: _____ Dinero: _____

Red: _____ Uso: _____　　Red: _____ Uso: _____
Tiempo: _____ Dinero: _____　　Tiempo: _____ Dinero: _____

Red: _____ Uso: _____　　Red: _____ Uso: _____
Tiempo: _____ Dinero: _____　　Tiempo: _____ Dinero: _____

Red: _____ Uso: _____　　Red: _____ Uso: _____
Tiempo: _____ Dinero: _____　　Tiempo: _____ Dinero: _____

Red: _____ Uso: _____　　Red: _____ Uso: _____
Tiempo: _____ Dinero: _____　　Tiempo: _____ Dinero: _____

Red: _____ Uso: _____　　Red: _____ Uso: _____
Tiempo: _____ Dinero: _____　　Tiempo: _____ Dinero: _____

Decide acerca del uso de los recursos

Los puntos fuertes como el análisis, la sustancia y la concentración te ayudarán en las dos primeras estrategias de tus actividades de *networking* sin que tengas que hacer esfuerzos extraordinarios: tú decides tus recursos y también cómo preferirías desplegarlos. Cuando pones tus planes en práctica, es posible que tus prioridades cambien, o que las utilices de un modo distinto de cómo lo habías planeado. Ambas situaciones están bien: lo más importante es contar con un plan maestro que tenga sentido para ti y, sobre todo, que te proporcione algunas ideas sobre pasos concretos que podrías dar con respecto a la gestión de tus propios contactos.

Pasemos ahora a las dos estrategias que tienen en cuenta cómo te gusta comunicarte como persona reservada.

Estrategia 3: Presenta entre sí a personas a las que conoces

Permite que otras personas se beneficien las unas de las otras

Permíteme que repita que la mayoría de las personas reservadas prefieren hablar con una o dos personas en vez de en grupo. Entre sus fortalezas se incluye la prudencia (fortaleza 1), que en su manifestación más restrictiva en forma de miedo o ansiedad (obstáculo 1) puede convertir el primer contacto con personas desconocidas en una experiencia más bien desagradable. La tercera estrategia da por supuesta esta tendencia y resulta tan sencilla como eficaz: presenta a personas de tu círculo de conocidos entre sí si crees que tienen algo que decir y pueden beneficiarse del conocimiento mutuo.

Fórjate un nombre como mediador

Comunícate a través de las redes sociales (véase más adelante en este capítulo) y conversa cuando uno de tus contactos publique o logre algo interesante: tal vez un libro, una entrevista o un reconocimiento, como un premio, por ejemplo. Así conocerás mejor a tus amistades. Dar referencias positivas de otras personas y entablar relaciones de forma activa también sirve para dar una impresión positiva: beneficias a las personas implicadas y te muestras como alguien a quien gusta desviar la atención hacia los demás y beneficiarlas. Se trata de un *networking* avanzado e ingenioso.

Planifica los primeros seis intentos de mediación.

 Otra pregunta para ti

¿A qué personas puedes poner en contacto entre sí?

Redes privadas	**Redes públicas**
Quién: _____	Quién: _____
Con quién: _____	Con quién: _____
Por qué: _____	Por qué: _____
Quién: _____	Quién: _____
Con quién: _____	Con quién: _____
Por qué: _____	Por qué: _____
Quién: _____	Quién: _____
Con quién: _____	Con quién: _____
Por qué: _____	Por qué: _____
Quién: _____	Quién: _____
Con quién: _____	Con quién: _____
Por qué: _____	Por qué: _____

Estrategia 4: Pide a tus conocidos que te presenten a alguien

Esta estrategia complementa la anterior y se basa en los mismos principios. También es sumamente sencilla: pide a personas que conoces que te presenten a alguien que consideren que te gustará conocer. Por cierto, esta estrategia funciona muy bien con altos mandos a quienes abordan muchas personas: un/a conocido/a mutuo puede obrar maravillas. Puedes contribuir a que la cosa salga bien pensando un buen modo de participar en la conversación. Encontrarás sugerencias al respecto en la sección «Contactos: ten en cuenta sus necesidades» más adelante en este mismo capítulo.

 Otra pregunta para ti

¿Qué personas te gustaría conocer, y a quién podrías pedir que te las presente?

Redes privadas

Quién: _____
Persona que hace la presentación: _____
Por qué: _____
Quién: _____
Persona que hace la presentación: _____
Por qué: _____
Quién: _____
Persona que hace la presentación: _____
Por qué: _____
Quién: _____
Persona que hace la presentación: _____
Por qué: _____

Redes públicas

Quién: _____
Persona que hace la presentación: _____
Por qué: _____
Quién: _____
Persona que hace la presentación: _____
Por qué: _____
Quién: _____
Persona que hace la presentación: _____
Por qué: _____
Quién: _____
Persona que hace la presentación: _____
Por qué: _____

Estrategia 5: Sé coherente

El buen *networking* se beneficia sobre todo de una cualidad: coherencia, que se materializa de las dos maneras siguientes:

Persevera en ser activo

Primero deberías estar activo en una red durante bastante tiempo. Así serás consciente de las ventajas reales y tu esfuerzo con las relaciones dará sus frutos. Se tarda tranquilamente entre uno y dos años (dependiendo de la frecuencia de las reuniones) en ser considerado un miembro estable y entablar contactos fiables y duraderos en redes que se basan en encuentros personales más que en encuentros digitales, siempre y cuando seas realmente activo. Los miembros no activos no establecen contactos. Así pues, dedícate a ello con paciencia: tu perseverancia (fortaleza 8) te ayudará en este sentido.

Participación en las redes

En segundo lugar, la coherencia significa entablar contactos con paciencia y luego cultivarlos. Para ello tienes que comunicarte con personas que te parecen interesantes en una red en concreto. A su vez, eso implica que lleves cierto registro de los eventos a los que asistes: ¿a quién has conocido? ¿Qué te pareció interesante? ¿Qué información acerca de la persona con la que has hablado quieres retener?

Muchas personas expertas en redes emplean ordenadores para recopilar esta información: esto funciona en redes digitales como LinkedIn, aunque solo puedes mencionar a personas que estén en la red con sus datos de contacto. También existen muchos programas de gestión de contactos y aplicaciones y algunos programas de correo electrónico ofrecen opciones para gestionar los contactos. Es decir, prueba lo que te resulte atractivo.

Como ves, los esfuerzos administrativos necesarios no son ilimitados. Tu capital importante para esta quinta estrategia es tu pensamiento analítico sistemático (fortaleza 6) y la tenacidad arriba mencionada.

> **? Más preguntas para ti**
>
> 1. Plantéate con qué precisión has registrado los contactos que deseas establecer y cultivar hasta el momento.
> 2. ¿Qué necesitas para cultivar tus contactos incluso mejor?
> 3. ¿Cómo puedes encontrar las herramientas necesarias?
> 4. ¿Cuánto tiempo tardarás en realizar los cambios necesarios?

Ahora que hemos llegado al final de la sección ya tienes el primer plan, que te ayudará a relacionarte en la red de forma positiva y de forma reservada a partir de ahora. ¡Empieza a ponerlo en práctica desde ya!

Contactos: los puntos fuertes de las personas reservadas

Estrategias del contacto reservado

Las personas reservadas tienen fortalezas características que hacen que les resulte fácil y agradable tratar con otras personas. Estas fortalezas son una especie de capital en el trato social y, al mismo tiempo, el mejor punto de partida para poner de manifiesto las estrategias de contacto que resultan especialmente apropiadas para las personas reservadas. Lo cierto es que a todos se nos dan bien las cosas que nos resultan fáciles. Así pues, echemos un vistazo a cuáles son.

Fortaleza 4: Saber escuchar

Te ayuda a mantener el oído aguzado

Saber escuchar: es una de las grandes fortalezas de la que las personas reservadas hacen gala durante una conversación. Las personas reservadas dependen menos que sus interlocutores extrovertidos de las respuestas y confirmaciones durante una conversación. Pero a las personas introvertidas les gusta recoger impresiones e información —y la mejor manera de hacerlo es aguzando el oído—. Si alguien escucha, es maravilloso para la persona con la que hablan: se les presta atención y, por lo tanto, crean un espacio en el que poder expresarse sin ningún tipo de presión. Lo que dicen se asimila. A las personas extrovertidas les gusta ordenar sus pensamientos mientras hablan (mientras que las introvertidas prefieren utilizar ideas que han pensado a conciencia y expresado con precisión, tal vez). Este nivel de atención les resulta tan beneficioso como a otro introvertido con quien quizás estén manteniendo una conversación, que (por una vez) se expresa sin sentirse presionado.

La escucha verdadera intensifica la presencia

Se puede escuchar de muchas maneras. Lo mejor es cuando el oyente aguza el oído de dos modos distintos a la vez: primero y en el mejor de los casos, la persona no tiene prejuicios y siente curiosidad por lo que dice su interlocutor. Es decir, no se permite estar limitada por suposiciones o estereotipos previos, ni tampoco se aburre. En segundo lugar, el oyente tiene espacio libre más allá de los oídos, es decir, no intenta formular lo que intenta decir a continuación mientras la otra persona está hablando. Este tipo de atención se muestra especialmente cuando se mira al interlocutor a los ojos. De todos modos, no se puede fingir esta actitud mientras se escucha; la escucha verdadera te da presencia e intensidad gracias al oído dispuesto, lo cual no puede reducirse a una estrategia de lenguaje corporal. Aprende a valorar el hecho de poseer esta fortaleza: muchas personas extrovertidas tienen que realizar un gran esfuerzo para adquirirla.

Anne, a quien conociste al comienzo de este capítulo, no había sido consciente de esta fortaleza hasta ahora. Mientras tanto, se ha vuelto muy hábil incorporando a propósito en su discurso lo que ha oído. Lo hace siguiendo distintos puntos con interés o teniendo en cuenta de forma activa los temas a los que se ha aludido. Anne ha descubierto que al hacerlo las conversaciones son mucho más intensas ¡y sus contactos también!

Aquí tienes unos cuantos ejemplos que te ayudarán a aprovechar lo que oyes para establecer contactos.

 Desde escuchar hasta el intercambio verdadero de ideas: frases de muestra para los oyentes activos

- «Acabas de decir que (organizaste un congreso en Leeds con esta empresa). ¿Te resultó satisfactorio?»
- «Voy a replantear por completo (nuestro congreso en Leeds), ahora que (me has hablado tan bien de Manchester).»
- «No me quito de la cabeza lo que acabas de decir: (¿de veras es tan importante empezar la planificación un año antes?)»

Fortaleza 5: Calma

Se dice que la calma es fuente de poder. Esto también se aplica a las conversaciones triviales. A las personas reservadas les angustia o, como mínimo, les incomoda la agitación y los entornos ruidosos, o tratar con personas que están crispadas. La otra cara de la moneda es que ellas son quienes tienen la capacidad de introducir la calma en un encuentro, y el ambiente ideal para un intercambio de ideas relajado. Los introvertidos calmados son capaces de dejar espacio para escuchar, reflexionar y hablar ralentizando el proceso de comunicación.

Ver la calma como algo positivo

Si es tu intención, es imprescindible que como persona reservada veas la calma como una fortaleza: si de verdad crees que hablar rápido, tener un enfoque muy dinámico en cuanto al ir sacando temas o gesticular mucho son lo mejor a lo que aspirar (lo cual resulta que son patrones de comportamiento típicos de los extrovertidos), es difícil que contemples tu propio comportamiento como algo especialmente positivo.

Voy a darte algunas pruebas para que te convenzas de que adoptar un enfoque sosegado en las conversaciones triviales resulta positivo.

Mantener la calma es señal de seguridad y compostura

Dejando tiempo para hablar y convencer muestras que te das espacio y margen de maniobra. No te colocas bajo presión. Los expertos en señales de estatus convienen en que las personas calmadas dan muestra de seguridad, compostura y de estatus elevado.

Parecer resuelto

Para obtener este efecto importante resulta esencial que todo lo que haces o dices cuando hablas con otras personas parezca decidido y definitivo. Es una forma natural de comportarse, si existe la verdadera calma interior, y significa que todos tus movimientos, ya sean los ojos, las manos o los pies, tienen un comienzo y un final y parecen motivados. Hablas usando frases enteras y das la impresión de que sabes exactamente qué quieres decir.

Estar calmado relaja a tu interlocutor

A las personas extrovertidas les resulta más fácil captar la atención de los demás cuando hablan. Pero, en la mayoría de los casos, no están en mayoría. (Si quieres saber lo que es una mayoría abrumadora de extrovertidos, te recomiendo los eventos televisivos.) Por norma general, encontrarás entre un 30 y un 50 por ciento de personas que tienden hacia la introversión en los eventos sociales. Hablar con otras personas introvertidas les resulta sumamente relajante: hablar con personas que no les hacen sentir presionadas al intercambiar ideas y que incluso están dispuestas a esperar mientras hacen una pausa para pensar o buscan una palabra. ¿No te sientes tú igual? En las culturas occidentales, las pausas son probablemente el recurso más infravalorado en una conversación...

Quitarle hierro a las situaciones

A muchas personas les estresan las conversaciones triviales. Se sienten ligeramente incómodas en los encuentros sociales donde hay desconocidos. A otras personas introvertidas en concreto, aunque también a muchos extrovertidos, les encanta que alguien como tú sea capaz de mantener una conversación tranquila y constante; e incluso con algunas pausas. La actitud calmada y agradable característica de las personas introvertidas puede crear una sensación de relajación y tranquilidad en el intercambio de ideas y aligerar la presión de la situación para todos.

Por ello las personas extrovertidas también se benefician de las conversaciones relajadas: les proporcionan una plataforma para exponerse, hablar, actuar. Cuando se trata con personas extrovertidas, es importante dejar claro que las escuchas: con gestos de la boca y los ojos, asintiendo, con ruidos fáticos («rellenos», como al hablar por teléfono) y con preguntas bien dirigidas. También debes procurar mantener el contacto visual.

Mantener la calma ahorra energía

Esta tercera «ventaja de la calma» te aporta un beneficio personal. Si te cuesta mucho comunicarte en tanto que persona introvertida con otras personas en los eventos sociales, es una ventaja tangible economizar tu energía valiosa.

Centrar la energía

La calma interior puede ayudarte a conseguirlo. Puedes reducir la velocidad y la presión cuando hablas con otras personas. Puedes mantenerte alerta durante un tiempo considerablemente mayor que cuando actúas sin rumbo, con desesperación o bajo presión. También estarás en situación de centrar tu energía en la fortaleza 3, concentración: en las personas y en las situaciones que hayas identificado (con toda la calma del mundo) como interesantes o valiosas.

 Cómo aprovechar al máximo la calma interior en los eventos sociales

Procura estar sosegado antes de un evento social: la imagen que damos depende de cómo nos sentimos, no del efecto que queramos provocar.

Estrategias físicas
- Respira lenta y profundamente para prepararte y también a lo largo del evento. Date a ti y a tu interlocutor una pausa para respirar hondo cuando hayas dicho algo importante.
- Utiliza el ritmo calmado de tu respiración para que tu voz suene también tranquila. Esto se apreciará en dos ámbitos en concreto: en primer lugar, hablarás al ritmo adecuado, no demasiado rápido pero con dinamismo y, en segundo lugar, hablarás con un tono profundo acorde con tu registro vocal. Hablar con voz grave produce un efecto de relajación y seguridad.
- Siéntate o levántate para notar una tensión agradable en la columna vertebral.
- Relaja los hombros, los codos y las rodillas de forma consciente.
- Emplea tu calma interior para mantener un contacto visual cómodo: mira a la otra persona con expresión amable y compuesta. Resultará relajante tanto para ti como para tu interlocutor que no claves la mirada en un único punto de su rostro, sino que la vayas desplazando entre las cejas y la punta de la nariz.

Estrategia mental 1: ¡tú decides!
Ten presente que estás tomando una decisión consciente y por tanto has elegido: has decidido asistir a este evento. Tú decides con quién hablar y cuánto tiempo. Tú también decides cuándo te vas a marchar. Nadie va a contar cuántos contactos haces o mirar qué haces a lo largo de la velada.
Si piensas así actuarás con confianza, no como alguien que se ha visto obligado y acude a regañadientes. Esta actitud mental te proporcionará una sensación de calma liberadora incluso antes

del evento: tú estás al mando de la situación y decides cómo manejarla. Al hacerlo, también demuestras a los demás que sabes exactamente qué haces. Esta estrategia tendrá un efecto positivo en tu forma de relacionarte con los demás y en tu autoestima.

Estrategia mental 2: Tú (y solamente tú) determinas tus objetivos
Fija objetivos claros y luego cúmplelos durante el evento. Eso dará cierta definición a lo que haces y garantizará que tu tranquilidad surja de la confianza en ti mismo y del estatus elevado.
No obstante, hay una condición: los objetivos deberían resultar atractivos y alcanzables. Así que no te cargues con nada que resulte demasiado estresante y/o que no valga la pena.
A modo de ejemplo, aquí tienes los objetivos que Anne se ha planteado fijarse en los eventos habituales de su vida profesional:
- Entablar conversación con tres desconocidos que le causen una impresión agradable.
- Encontrar un experto en el tema en el que está trabajando en la actualidad y preguntarle un par de cosas que le preocupan.
- Permanecer dos horas y durante ese tiempo observar a la gente todo lo que quiera.
- Acabar una conversación educadamente si le resulta demasiado estresante.

Así pues, ya ves que la calma proporciona mucha fuerza. Pero tienes otras ventajas como persona calmada que se enfrasca en una conversación trivial y en el contexto social en general. Aquí tienes la siguiente fortaleza que bien puede que compartas con otras personas introvertidas.

Fortaleza 6: Pensamiento analítico

Analiza las conversaciones a fondo

Las personas reservadas pasan mucho tiempo cotejando lo que observan con sus pensamientos. Por ello se acostumbran enseguida a filtrar lo que ven y oyen y lo sopesan después, con el agradable efecto secundario de que muchas personas reservadas muestran un gran poder analítico. O, para ser más precisos, quienes entre los introvertidos tienen una mayor predominancia del hemisferio izquierdo, de acuerdo con la distinción realizada en el capítulo 2. Esto es importante no solo en los ámbitos de control y en los asuntos académicos, sino también para las conversaciones triviales: si eres capaz de identificar lo más importante y los patrones de conversación con facilidad, también te resultará sencillo llevar la conversación más allá de la fase alcanzada y la persona con quien conversas, y a evaluar la información con actitud resolutiva en varios ámbitos temáticos.

En principio, todas las conversaciones informales en las que participas en los eventos sociales se desarrollan en tres fases que, analizadas juntas, forman una especie de arquitectura. Si sabes cuáles son cada una de esas fases para tu enfoque analítico, las abordarás de la forma apropiada.

Análisis de las conversaciones triviales (1): fases y funciones correspondientes

Las conversaciones triviales no te comprometen a nada. Desde el comienzo quedará claro si a ti y a tu interlocutor os interesa continuar con la conversación. En primer lugar, depende de si se produce la química adecuada. Si no, da igual: hay muchos posibles interlocutores en los eventos sociales. En segundo lugar, si continúas la conversación o no depende de si tenéis algo que deciros mutuamente. Aquí pues, empieza con buen pie planteándote las siguientes preguntas.

 Preguntas para empezar

¿Qué tenemos en común en esta situación? – Los dos estamos tomando el mismo vino tinto. ¿Qué le parece a la otra persona?
¿Qué resulta interesante de la ocasión? – Es mi primera despedida de soltero: mi colega se casa. ¿Cómo le conoció tu interlocutor?
¿Qué me gustaría saber? – El viaje de negocios a Singapur es emocionante. Pero ¿cuál es la mejor manera de ir del hotel del congreso al aeropuerto mañana por la mañana?

En cuanto encuentres un tema basándote en esta estrategia, toma la iniciativa e inicia la conversación. La ventaja de ello es que no tienes que reaccionar con rapidez a los comentarios de la otra persona, sino que puedes encargarte tú mismo, con un tema que te interese.

No empieces con una frase hecha
«Hola, ¿qué tal?» es probablemente la forma más habitual de empezar entre personas que se conocen. Si alguien empieza con esta pregunta, evita los tópicos («¡Bien!» «¡Vamos tirando!»). Responde de forma positiva y específica, en el mejor de los casos lo que digas llevará a una conversación

agradable. Así pues, di algo así como «¡Contenta/o de verte!» o simplemente: «Peter, ¡hace siglos que no nos veíamos!»

La fase intermedia

En la fase intermedia necesitas seguir con la conversación de forma que resulte agradable y satisfactoria para ti y tu interlocutor. Eso no significa que solo puedas hablar tú. Escucha (es tu siguiente fortaleza, véase más abajo), o formula preguntas abiertas mostrando interés, es decir, preguntas que no pueden responderse con «sí» o «no» y que suelen reconocerse porque empiezan con una partícula interrogativa como «Cuándo».

Preguntas abiertas de muestra: «¿Cuál es la mejor manera de...?» «¿Qué ocurre a continuación?» «¿Dónde puedo encontrar...?» «¿Cómo se llega a...?»

Las preguntas bien elegidas enseguida animan una conversación. Si, además, empleas un patrón sencillo para filtrar lo que tu interlocutor dice, te resultará fácil seguir conversando.

Plantéate qué elegir de los comentarios de tu interlocutor para profundizar o cambiar de tema.

Puedes cambiar de tema con frases tipo: «A propósito de X...» o «Como acabas de decir, X...»

En la fase intermedia no deberías tener reparos en introducir tus comentarios e impresiones: estás manteniendo una conversación, no una entrevista.

Fin de la conversación

Una conversación informal puede ser larga o corta. Lo más importante es que le puedes poner fin en cualquier momento sin dar motivos concretos, lo cual supone un gran alivio para muchas personas reservadas: te deja margen de maniobra si te parece que la situación, o tu interlocutor, te exige demasiado.

Es fácil concluir una conversación en una situación informal. Basta con decir: «Gracias por la charla. Nos vemos luego.» O: «Espero que podamos continuar pronto con esta conversación.» La naturaleza casual y sencilla de las conversaciones triviales supone una ventaja en este entorno: puedes cortar la conversación cuando quieras, sin disculpas ni motivos. Incluso algo como: «¡Oh, acabo de ver a un viejo amigo al que me gustaría saludar!» es perfectamente legítimo. Es de todos sabido que los eventos sociales están para mantener contactos.

Si consideras que quieres profundizar con un contacto que acabas de hacer, en esta fase puedes sugerir que os intercambiéis las tarjetas. Me gusta utilizar tarjetas porque así después puedo hacer anotaciones (en la habitación de hotel, por ejemplo). De este modo no tengo que confiar en mi memoria y puedo avanzar hacia una fase en la que los introvertidos pueden ocupar una posición fuerte: el seguimiento.

El seguimiento

A muchas personas reservadas se les da especialmente bien comunicarse por escrito (véase fortaleza 9). Esto les proporciona una ventaja definitiva para el seguimiento por escrito después de los eventos de *networking*. Por ejemplo, puedo ofrecer a mi interlocutor un contacto en la red social LinkedIn (véase más adelante) o enviarle un artículo de prensa sobre uno de los temas tratados. Puedo aprovechar esta oportunidad para darle las gracias por la agradable conversación mantenida y, en la medida de lo posible, hacer referencia a un detalle de la conversación en sí: «Recuerdo lo que dijiste en el congreso de Singapur. De hecho, he conseguido el burdeos que me recomendaste en mi bodega habitual. Muchas gracias de nuevo. Tal como prometí, adjunto este mensaje de correo.»

A continuación, encontrarás más consejos para hacer seguimiento.

 Tres consejos para hacer el seguimiento

1. Escribe en papel en vez de enviar un mensaje de correo electrónico. Los correos electrónicos son aceptables, pero las cartas y las tarjetas son cada vez menos habituales y producen el efecto deseado: la gente se fija en ellas.
2. Escribe algo que aporte algún beneficio. La persona en cuestión debería sentir que ha recibido una agradable sorpresa que no se esperaba, pero que resulta útil: un enlace, un artículo, un consejo sobre un lugar donde encontrar algo que necesita...
2. Si decides enviar un mensaje de correo electrónico, intenta evitar los adjuntos que contengan un exceso de datos, pues acaban en la carpeta de correo basura. Envía un enlace o, si el texto no es muy largo, cópialo en el cuerpo del mensaje.
3. Escribe lo antes posible. La persona en cuestión te recordará bien hasta unos cuatro días después de haberos conocido.

Analizar una conversación trivial (2): la mejor manera de encontrar temas adecuados... ¡también para ti!

Las personas introvertidas necesitan sustancia

Acabamos de ver cómo encontrar temas al comienzo o en medio de una conversación trivial y también cómo controlar una conversación. A las personas como Anne suele parecerles poco: les gusta participar en conversaciones con mucha más sustancia, aunque se trate de una ocasión informal y de establecer relaciones. Les gusta que un contacto social les brinde la oportunidad de reflexionar si les interesa una persona, o si esa persona les resulta significativa por alguna razón, o porque propicie el intercambio de ideas acerca de un tema en concreto.

De conversaciones triviales a trascendentes

Sin embargo, el verdadero reto radica en lo que las personas reservadas prefieren: la profundidad. A muchas personas introvertidas les gustan las conversaciones triviales cuando consiguen convertirlas en «trascendentes», es decir, cuando hablan de algo sustancioso que les interesa y que les permite entablar otro tipo de conversación. Lo idóneo es que también se incluya el elemento de la calma, de manera que haya tiempo y espacio para hablar de los temas con profundidad, con pausas entre las distintas fases de la conversación y en un ambiente tranquilo. Si se debate el tema con un interlocutor agradable, la persona introvertida incluso puede llegar a *extraer* energía de la conversación, en vez de gastarla, con unos efectos secundarios agradables como el placer y una profunda satisfacción.

Las conversaciones «trascendentes» suelen asociarse con la idea de conversación verdadera, que en otros tiempos se consideraba una habilidad social importante. Hoy en día, en la época de los sms, de las publicaciones en Facebook y los *tweets*, a mucha gente le cuesta concentrarse en un tema sustancioso y mucho menos ponerlo sobre la mesa. Pero se puede aprender a mantener una conversación que merezca la pena. A las personas que tienen capacidad para captar lo esencial (poseedoras de la fortaleza 2) no les suele costar. Y si haces un esfuerzo para realizar un verdadero intercambio de ideas, enseguida advertirás el efecto positivo que ejerce en tu relación con la persona con la que conversas.

Escoger temas con habilidad

Tal como hemos visto, en las fases iniciales de una conversación es más fácil elegir un tema que sepas que te vincula con tu interlocutor gracias a alguna experiencia conjunta: vuestra última reunión, vuestra última comunicación o, sencillamente, lo contento que estás de volver a ver a la persona en cuestión. El contexto también puede acercarte a la persona con la que hablas: conocer a la anfitriona, la ruta para ir y venir del aeropuerto, la variedad de comida del bufé o el programa de la velada.

Consejos para elegir un tema

No hace falta ser filósofo para encontrar la manera de pasar a algo más sustancial. Estrújate el cerebro y haz una lista de temas que cumplan una condición: te interesan de verdad. Aquí tienes una lista de sugerencias que puedes ampliar tanto como quieras.

 Temas con cierta sustancia

- Situaciones por las que has pasado (juntos si es posible) en las que alguien o algo te impresionara: en la conferencia inaugural (congreso) el ponente era un famoso de 87 años que cautivó a la audiencia.
- Asuntos que te interesan y que crees que pueden interesar también a tu interlocutor. Ejemplo: el edificio en el que se realiza el congreso sobre TIC había sido una fábrica de chocolate. Te preguntas qué pueden tener en común.
- Temas sobre los que te gustaría saber más: sobre todo si tu interlocutor está familiarizado con ellos. Ejemplo de reunión de *networking*: pregunta a tu interlocutor si en su empresa tienen una cuota de empleadas. ¿Qué opina de ello?
- Cuestiones que te vengan a la mente debido a ciertas impresiones que te ha producido el entorno: ¿qué efecto tiene la música de fondo?

Contactos: ten en cuenta sus necesidades

Has dado el primer paso después de la última sección: sabes qué tipo de intercambio de opiniones te funciona bien. Ahora puedes buscar con empeño personas y situaciones que hagan que tu vida valga más la pena.

> **? Plantéate:**
>
> ¿Qué fortalezas te ayudan a entablar conversación con desconocidos?
>
> Me parece relativamente fácil pasar de la conversación trivial a la trascendente. (Fortaleza 2) ❏
>
> Sé escuchar y sé utilizar lo que escucho para hacer avanzar la conversación. (Fortaleza 4) ❏
>
> Me resulta fácil encontrar la calma interior. (Fortaleza 5) ❏
>
> Tengo una serie de temas que me han resultado útiles para poner en marcha la conversación. (Fortaleza 6) ❏
>
> Enseguida capto lo que es importante para la otra persona. (Fortaleza 10) ❏
>
> Se me da bien responder a la gente. (Fortaleza 10) ❏
>
> Tengo otras fortalezas para las conversaciones triviales, como por ejemplo: _____
>
> _____
> _____
> _____
> _____
> _____
> _____
> _____

No siempre es posible evitar situaciones ruidosas

También tienes que aceptar que a veces tendrás que hablar con personas en situaciones que distan mucho de ser ideales. Una fiesta con música a todo volumen. La tensa fiesta de Navidad del trabajo como obligación del año. O, el peor de los horrores para muchos introvertidos, incluida una servidora: la fiesta para conocer gente en todas sus múltiples manifestaciones que, en realidad, está pensada para conseguir el máximo de contactos posible, sea lo que sea «conseguir» en este contexto.

En ocasiones como estas puedes limitar la cantidad de energía que gastas hasta un punto razonable y asegurarte de que te sientes lo más cómodo posible. Por eso es importante saber exactamente cuáles son tus obstáculos. Analicemos este punto con más detalle.

Obstáculo 2: Demasiada atención al detalle

A muchas personas reservadas les resultan difíciles las conversaciones triviales porque aumentan su tendencia a prestar demasiada atención al detalle. Los introvertidos que tienden a ver árboles independientes en vez del bosque y sus múltiples senderos se pierden fácilmente en situaciones sociales «caóticas» y son especialmente propensos a sufrir de un exceso de estimulación (obstáculo 3).

Así pues, por ello es incluso más importante estructurar cualquier situación con cuidado. Las siguientes estrategias sencillas harán que te resulte más fácil moverte con seguridad en un grupo de personas y sentirte seguro de ti mismo.

Conversaciones triviales: estrategias que mejoran la claridad

1. Piensa en «calidad» y no en «cantidad».
   Las personas reservadas son especialistas en establecer

relaciones estrechas entre ellas y otras personas de su elección. Aquí lo importante es el «de su elección». En vez de forjar muchos contactos con mucha gente, los introvertidos prefieren mantener un contacto intenso y regular con un número reducido de personas. Y también invierten en estas relaciones. A muchos introvertidos las conversaciones de uno a uno le resultan más agradables que intercambiar ideas en un grupo de gente. Se sienten más relajados con una sola persona y la cantidad de ideas que se intercambian se mantiene dentro de unos límites razonables. El tema en cuestión resulta más manejable dentro de estos límites y es más fácil tener en cuenta el punto de vista de la otra persona, por el mero hecho de que es una sola. Por consiguiente, habla con una sola persona si puedes. Si conversas con tres o cuatro personas, una detrás de otra, en un evento puedes darte por satisfecho si las conversaciones son agradables («profundas» en vez de «generales», pues habrás pasado de temas triviales a más sustanciosos) y es más probable que propicien más contactos duraderos que la típica estrategia de contactos «superficiales» de los extrovertidos.

2. Posiciónate en la sala.

Al comienzo de un evento, busca las distintas «vías de escape» a las que recurrir en caso necesario. Así el espacio tendrá una estructura manejable y también te protegerá del obstáculo 3: el exceso de estimulación. Busca un asiento desde el que domines la sala entera. Si buscas nuevas personas con las que hablar, tiene sentido que te sitúes cerca de la puerta.

3. Encuentra posibles personas con las que hablar.
   Busca personas que parezcan amables (solas, o que estén en grupos pequeños o abiertos). También puedes quedar con personas concretas antes del evento, por ejemplo, si consideras que te gustaría conocerlas personalmente después de un intercambio de correos electrónicos, o si deseas hablar de algo en especial.
4. Plantéate objetivos personales.
   Ten algo claro en mente para la ocasión que encaje contigo y con el cargo que ocupes en ese momento: planea entablar conversación con una persona en concreto (por ejemplo, consiguiendo que te la presente algún amigo común). O decide que solo te vas a quedar el tiempo que te convenga, y márchate cuando te apetezca o sal un rato.

Obstáculo 3: Exceso de estimulación

Demasiado de golpe es excesivo y, por consiguiente, perjudicial. Esta idea también se aplica a las cosas buenas de la vida: desde el chocolate a las personas, pasando por el vino tinto. Para las personas introvertidas, «demasiado» suele significar un exceso de cosas por digerir. Precisamente eso es lo que supone el exceso de estimulación: una situación que agota tu energía porque hay demasiado por asimilar. Resulta agotador y reduce el placer de conocer a otras personas, lo cual acaba siendo estresante. Así pues, no es extraño que muchas personas introvertidas racionen los eventos sociales con cuidado y los escojan de forma que no les agoten. Es totalmente legítimo, nadie tiene la obligación de estar con otras personas constantemente. Pero en este caso me refiero a la situación en sí: ¿cómo evitar tener que gastar demasiada energía demasiado rápido?

Conversaciones triviales: estrategias contra el exceso de estimulación

1. Procura sentirte cómodo en todos los eventos sociales. No te sometas a presión y tómate respiros en los que no hables con nadie. Aquí hay dos elementos importantes: deberías estar solo y ser capaz de relajarte. Existen distintas posibilidades: ir al baño; observar los cuadros de la pared; sentarte tranquilamente con una buena bebida y contemplar relajadamente a las personas que te rodean. Respira lenta y profundamente entre conversaciones: así te tranquilizarás, recuperarás oxígeno y notarás un efecto similar al de una minipausa. Tus contactos también parecerán mucho más interesantes e inmediatos si tienes las «pilas recién cargadas», ¡es un buen comienzo!
2. Evita hacer varias cosas al mismo tiempo. Eso reduce la cantidad de estímulos que tiene que manejar tu cerebro y te permite concentrarte mejor en lo que estás haciendo. Así intensificarás el impacto que causas. Por lo tanto, céntrate en la persona o personas con las que estés hablando o haciendo algo. Cuando hayas concluido este intercambio concreto de ideas, piensa en el próximo objetivo o sírvete antes algo del bufé.
3. El exceso de ruido agota la energía de las personas introvertidas y es una de las principales causas del

exceso de estimulación. Me he dado cuenta de que yo y otras personas reservadas tenemos tendencia a ver el ruido como una especie de fuerza natural contra la que nada podemos hacer. Los extrovertidos que nos rodean no tienen tantos problemas con el volumen, por lo que parece que es problema «nuestro». No te preocupes: normalmente siempre se puede hacer algo si adviertes que tu entorno es demasiado ruidoso en un evento social. Si no puedes hacer nada para bajar el nivel de ruido (por ejemplo, cuando aterriza un avión mientras mantienes una conversación en el aeropuerto, o el lunes de Carnaval en Colonia), no puedes ponerte tapones en los oídos pero sí reducir el estímulo: concéntrate con fuerza en la persona con la que estás hablando. Así reducirás el ruido de fondo y os resultará más fácil oíros. Existen muchas otras situaciones en las que sí es posible reducir el ruido de ambiente. La recepcionista extrovertida del gimnasio no tendrá ningún problema en bajar el volumen de la música que convierte tu rutina de ejercicios en una tortura y que te impide hablar con los demás. Pero, por supuesto, antes tendrás que pedírselo. Sigue estas pautas cuando lo hagas: en primer lugar di de forma bastante objetiva en qué consiste el problema, en segundo lugar, qué lo está causando y en tercer lugar, cómo te gustaría remediarlo. Por ejemplo, podrías decir lo siguiente a la recepcionista del gimnasio: «Hoy la música de la sala de máquinas está muy fuerte. Cuando está a volumen normal, podemos hablar mucho mejor. ¿Te importaría bajarla?»

Obstáculo 4: Pasividad

Si miras a tu alrededor con cuidado en los eventos sociales, verás a introvertidos por todas partes que dan la impresión de estar activos: van a buscar algo de beber o miran los mensajes recibidos en el móvil. O repasan papeles, o consultan la hora. No es un panorama demasiado alentador para hacer contactos...

Toma la iniciativa

Las oportunidades para intentar establecer contactos suelen parecer desestructuradas. Las personas reservadas no saben muy bien qué deberían o podrían hacer para relacionarse con otras personas de la sala, situación que fácilmente provoca incertidumbre y falta de confianza. Así pues, estas personas reservadas no se sienten cómodas con ellas mismas. Al comienzo, sienten la gran tentación de no hacer nada y contenerse, en vez de propiciar el contacto. Con esta actitud, pasan a depender de los demás: si no toman la iniciativa, las personas reservadas quedarán a su merced. Pero si los demás toman la iniciativa, las personas pasivas tendrán que responder a cualquier abordaje y no podrán decidir por sí mismas con quién hablan o de qué. En el peor de los casos, no pueden manejar cómo se inicia la conversación, o no con la suficiente rapidez y, por consiguiente, pierden la oportunidad de establecer un contacto agradable.

Consejos para establecer contacto

Así pues, cabe concluir que es preferible tomar la iniciativa a la hora de establecer un contacto. Te resultará más fácil de hacer si reduces la complejidad y, por extensión, el nivel de incertidumbre de la comunicación. Puedes seguir un principio sencillo: haz algo bien definido que estructure tus actividades de *networking* y tu tiempo. Aquí tienes unos cuantos enfoques interesantes extraídos de las experiencias de personas reservadas.

 Cómo adoptar un enfoque activo en los eventos sociales

1. **Asume alguna labor.** Este consejo está destinado especialmente a las personas que inician su carrera. Ayuda en las inscripciones o en la bienvenida a los invitados. Organiza los servicios. Presenta una comunicación u organiza grupos de trabajo. En el terreno profesional esto también demostrará que estás preparado para asumir responsabilidades y te dará visibilidad positiva. Un ejemplo: aconsejo a jóvenes académicos con los que trabajo en los seminarios que coordinen grupos de trabajo en congresos o pequeñas reuniones de especialistas lo antes posible en su carrera. Así aprenden las normas de la experiencia directa, se muestran como figuras positivas en su comunidad académica y, por lo tanto, tienen un contacto más directo con quienes toman las decisiones.
2. **Llega temprano.** Comprométete a averiguar quién más asiste al evento. Existen distintas maneras de hacerlo. Consulta el programa del congreso. Comprueba las insignias de identificación que se han preparado, si llegas temprano, la mayoría estarán todavía por repartir. Otra opción es que mantengas una charla amistosa e interesada con los organizadores y otras personas del mostrador de recepción: ¿a quién más esperan?

3. **Ponte a la cola.** Suena raro pero tiene una ventaja: tener un lugar en la cola impone estructura. En el mostrador de recepción, en el bufé o en el bar tienes a un interlocutor potencial detrás y a otro delante. También hay un objetivo y un tiempo de espera. Todo ello hace que la situación resulte agradablemente manejable.

4. **Utiliza las mesas junto a las que te sitúas de pie.** Las mesas junto a las que estás resultan ideales para hacer contactos: distribuyen a las personas y ofrecen una ventaja clara, están ahí para que puedas dejar las cosas. Coge el plato o la copa y busca una mesa en la que no haya nadie o una sola persona. Es muy probable que pronto tengas compañía y que haya una amable persona introvertida esperándote que encuentre cierta seguridad y consuelo en esa misma mesa. Pregúntale educadamente si todavía queda espacio libre...

Ahora ya sabes cómo aprovechar tus fortalezas para fomentar tus contactos. También eres consciente de ciertas trampas y tentaciones con las que suelen topar las personas discretas. Por último, vamos a abordar aquellas situaciones de la vida social en que no tienes delante a las personas con las que te comunicas, sino que habitan ese gran espacio abierto de las redes sociales.

Contactos en la zona de confort: redes sociales

Las redes digitales y los fórums de contactos, también llamados «redes sociales», resultan ideales para las actividades de *networking*: Facebook, LinkedIn, Twitter, Google+, pero también ofrecen servicios para asociarse, fórums de debate, grupos de chat, la variedad es enorme. Todas estas plataformas en línea tienen dos elementos en común: te permiten establecer contactos indirectos y por escrito. En este sentido encajan con la fortaleza 9 de las personas reservadas: escribir en vez de hablar.

Las redes en línea ofrecen una oportunidad para los introvertidos reacios a establecer contactos, pero no «en la realidad» porque siempre estás a una distancia segura en el mundo digital. Las ideas se intercambian con cierto retraso, a diferencia de con la comunicación hablada, y existe separación espacial, lo cual otorga una sensación agradable de seguridad y control: hay mucho tiempo para responder, lo cual conviene a las personas introvertidas, que gustan de pensarse las cosas con tranquilidad antes de opinar. En una ocasión leí esta cita en Twitter, la plataforma para los mini-blogs: «140 caracteres es una dosis con la que las personas se soportan entre sí». ¡Seguro que no lo escribió un extrovertido! De todos modos, para otras personas introvertidas los medios digitales actuales son más un mal necesario que una oportunidad de *networking*: una actividad más que requiere atención y cuidado regulares. Una frase típica oída desde este bando (combinada normalmente con unos ojos en blanco): «¿Cuándo se supone que tengo que encontrar tiempo para eso?» ¿En qué bando estás?

> **? Planteáte:**
>
> ¿Qué significan para ti las redes sociales?
> Un buen complemento de las reuniones cara a cara ☐
> *Networking* tolerable ☐
> Un mal necesario ☐
> No sabe/No contesta ☐

Como ya sabes, la mayoría de las personas reservadas prefieren tener menos relaciones pero de mayor calidad. Pero buena parte de lo que se encuentra en Internet o bien parece superficial o es claramente artificioso, por no decir estúpido y vulgar. Buena parte... ¡pero no todo! También hay un montón de material en línea que es sustancial y profundo.

Consejos para usar las redes digitales

Una cosa sí que es cierta: las redes digitales forman parte de un tipo de *networking* inevitable hoy en día, y lo más probable es que en el futuro todavía lo sea más. Así pues, aprovéchalos al máximo como persona introvertida. En este caso, la ventaja es que encaja contigo. Aquí tienes unos cuantos consejos para usarlas:

- Procura escoger solo unas cuantas plataformas que encajen con tu modo de comunicarte y, sobre todo, con tu objetivo. Ejemplos: Facebook es un batiburrillo en el que abundan los contactos personales y profesionales. LinkedIn es una plataforma meramente profesional en la que te puedes presentar de la forma apropiada. Twitter es un microblog en el que te comunicas directamente con los demás por escrito o leyendo mensajes de un máximo de 140 caracteres. Google+ lleva compitiendo con todas las redes mencionadas desde mediados de 2011. Existen muchas otras plataformas. Elige un máximo de dos para empezar. Comunícate con sitios digitales seleccionados ¡y participa con regularidad!

- Crea tu perfil en cada red de forma que encaje con tus objetivos y mensajes necesarios. El *networking* solo resulta útil si cultivas tus contactos y tu perfil: sé claro y coherente en los mensajes y diálogos que envías o mantienes con otras personas. Así tendrás la identidad cibernética que deseas.
- Al comienzo, no veas a tus contactos de las redes sociales como amistades o relaciones profesionales, aunque tanto las amistades como las relaciones profesionales pueden desarrollarse de forma asombrosamente rápida si el intercambio de ideas funciona de verdad. Yo me he decidido por XING (una plataforma profesional muy conocida en Alemania) y Twitter como plataformas que se complementan bien entre sí. También he visto que los contactos de estas plataformas han aumentado las visitas de mi página web y mi blog, y ha habido una mayor difusión de mi trabajo. Eso no significa que a todo el mundo tenga que gustarles tú y tu perfil; al igual que en la vida real, en el mundo digital no siempre funciona

todo para todo el mundo. Tanto la cantidad como la calidad de tus contactos crecen mejor tal como lo hacen en la naturaleza: sin prisa pero sin pausa.
- Procura destinar algún tiempo para el *networking* digital de forma regular. Por un lado, esto significa que deberías estar activo en ciertos momentos, más de una vez a la semana a poder ser. Publica tus aportaciones. Confirma solicitudes de contacto que creas que te convienen. Lee los mensajes que recibes y responde como corresponda. Por otro lado, este consejo también significa que no deberías distraerte mirando constantemente Twitter o los mensajes de Facebook mientras haces otras cosas.
- Comunícate de forma regular y dentro del papel público que elijas. En el mejor de los casos, lo que escribas en los medios digitales proporcionará cierta sensación de confianza: tus lectores y contactos tendrán la impresión de que te conocen un poco. Así pues, comunícate teniendo en cuenta qué quieres transmitir: porque es importante para ti, porque beneficia a los demás, porque destaca ciertas cualidades o habilidades. A menudo tengo una extraña sensación al ver que no me sorprendo cuando conozco a personas del mundo de XING o Twitter en la vida real: a través de estos medios descubres muchos aspectos de la gente. Como estás habituado a reflexionar antes de comunicarte con ellas, lo tienes en cuenta durante la comunicación.
- Valora las actividades digitales tanto como otras actividades de *networking*. La gente se encuentra con

cosas muy trascendentes en línea todos los días: un trabajo nuevo, soluciones para sus problemas, proveedores de servicios para trabajos que aparecen, buenos consejos o peticiones de información para presentarse a una licitación: exactamente lo mismo que se obtiene en los encuentros cara a cara.

De todos modos, no olvides que el verdadero *networking* empieza cuando, en un momento dado, conoces a la persona que hay detrás del perfil de Internet. Ese encuentro no puede sustituirse por un chat, *tweets*, mensajes de Facebook o de correo electrónico. Así pues, emplea Internet para establecer los contactos que deseas y también para cultivarlos tras un encuentro cara a cara. Pero da el siguiente paso después de conocer a alguien: si un contacto te parece interesante y te sugiere calidad, deberías buscar el momento de mantener el contacto en la vida real. (Por supuesto, no es necesario si tu contacto de Twitter escribe desde Papúa Nueva Guinea...)

 Resumen de los puntos clave

Las personas reservadas tienen todo lo necesario para abordar a otras personas en los eventos sociales. El contacto funciona mejor y produce mejores resultados si eres consciente de tus preferencias y cualidades y las empleas para el tipo de *networking* que conviene a los contactos de acuerdo con tu concepción de los mismos.

Este tipo de ***networking* reservado** se materializa mejor empleandodo cinco estrategias: plantearse objetivos claros, definir recursos, presentar a tus conocidos entre sí, conseguir que otras personas te presenten y mantener el *networking* activo a largo plazo y con constancia.

El contacto que resulte valioso para la persona reservada funciona a largo plazo y es significativo. Calidad por encima de cantidad. En la mayor parte de los casos, las personas introvertidas presentan tres **fortalezas** específicas al tratar con otras personas: escuchan con mucha atención, son tranquilas y pueden emplear su capacidad de análisis para encontrar temas adecuados con facilidad y formas de conectar con la persona con la que hablan.

Las personas reservadas no deberían olvidar sus **necesidades** específicas en los eventos sociales: enseguida les abruma una corriente indebida de impresiones, se cansan enseguida si reciben un exceso de estímulos y también corren el riesgo de ser demasiado pasivos, en vez de buscar contactos deliberadamente y controlar la conversación. Pero existen maneras de evitar estos riesgos: procurando tener una visión general, retirándose y descansando de vez en cuando y planificando con esmero actividades y eventos.

Las **redes digitales**, que se cultivan en línea, pueden complementar bien otros contactos, sobre todo en el caso de las personas reservadas que gustan de expresarse por escrito. Pero están sujetas a sus propias normas y no sustituyen «encuentros reales», sencillamente los complementan.

7

Conflicto entre una persona y una situación: cómo negociar

Siva cursa estudios de doctorado en una prestigiosa universidad británica adscrita a un hospital universitario. Investiga sobre los trastornos metabólicos en pacientes con sobrepeso. Como bioquímica que es, se concentra en ciertos valores sanguíneos. Para ello tiene que trabajar con ratones, a los que inyecta sueros y extrae muestras de sangre para analizarla. Es un trabajo duro porque contempla intereses muy diversos y exige minuciosidad en muchos ámbitos. Hasta el momento, Siva ha cumplido con las exigencias planteadas: disfruta con su trabajo y pasa mucho tiempo en el laboratorio, también hasta bien entrada la tarde. Ha dado conferencias acerca de los primeros resultados con gran éxito (y bastante taquicardia) en congresos de ámbito nacional. Espera acabar de redactar la tesis en un plazo de diez meses. Entonces terminará los trámites doctorales hasta que finalice su empleo actual. También supervisa el trabajo de máster de dos estudiantes, lo cual considera que le quita mucho tiempo.

De repente, su agenda se vuelve incluso más apretada; el supervisor de Siva, profesor de renombre, ha conseguido una buena financiación y espera su ayuda activa para la investigación. Siva solo se ve capaz de abordar este nuevo trabajo con apoyo adicional. Decide pedir a su jefe un ayudante de investigador que se encargue de las tareas más rutinarias del laboratorio.

Clarifica tu postura

Así pues, Siva se enfrenta a la tesitura de negociar. Quiere solucionar un tema y para ello necesita la ayuda de otra persona: su jefe.

Toma y daca

La negociación implica hacer concesiones mutuas: todos los implicados deberían alcanzar un acuerdo que se vean capaces de suscribir e implementar, incluso teniendo intereses dispares. Esto implica que el supervisor solo aceptará si la solución le parece útil y factible. En el mejor de los casos, él mismo se beneficiará de ella, con lo que la decisión resulta considerablemente más fácil.

Al negociar, las personas solo pueden acordar una solución si encaja con sus objetivos. El jefe de Siva desea que realice más labores de investigación y supervise el máster de otros dos estudiantes. Por su parte, Siva desea acabar la tesis dentro del plazo estipulado. En el mejor de los casos, el acuerdo al que se llegue al final de las negociaciones será una decisión tomada de forma conjunta y que pondrán en práctica en cuanto acaben de hablarla. En el caso de Siva esto implica que se nombre a un asistente o se busque otra manera de aligerar su carga.

Define tu punto de partida

Puedes hacer un muy buen papel como persona reservada en una negociación. Las negociaciones son una de las técnicas de comunicación en la que las fortalezas de los introvertidos resultan de gran ayuda. Pero antes de llegar a tales fortalezas, debes ser consciente de dos cosas: en primer lugar, averiguarás algo sobre la base de la negociación porque tendrás que determinar tu postura, que define tu punto de partida, a partir del cual se desarrollarán otras estrategias. En segundo lugar, conocerás las distintas fases de la negociación y lo que está en juego en cada fase, de manera que puedas hacer los planes adecuados para llevar a cabo la labor que te corresponda.

> El primer paso cuando te prepares para negociar es determinar tu postura. Prepáralo todo a partir de esa base.

 Tres puntos para ayudarte a determinar tu postura

Punto 1: Determina tu postura actual y lo que esperas obtener.
- ¿Qué tienes por ofrecer?

- ¿Qué quieres conseguir con las negociaciones?
- ¿Qué visión tienen de tu objetivo las personas con las que negocias?
- ¿Qué información necesitas acerca de las personas con las que negocias y sobre el objeto de las negociaciones?

Punto 2: Distingue entre lo que es importante y lo que es flexible.

- Determina cuál de los distintos ámbitos de negociación es más importante para ti. ¿En qué orden querrías tratar los temas?
- ¿Qué quieres obtener en el mejor caso en cada área?
- ¿Cuál sería un resultado que podrías aceptar?

Las respuestas a las últimas dos preguntas te proporcionarán un margen de maniobra valioso.

Punto 3: Asegúrate de que todo sea claro y coherente.

Si estás negociando en el seno de un equipo (para tu departamento, por ejemplo), acordad los puntos 1 y 2 entre vosotros antes de la negociación en sí. Tendréis más fuerza si todos aspiráis a lo mismo.

El segundo punto en concreto resultará sumamente beneficioso: flexibilidad. Muchas negociaciones fracasan porque se adoptan posturas innecesariamente rígidas.

Suele haber más de un camino para acercarse a donde quieres llegar, y para la otra parte también.

Comprende al otro lado

Durante las negociaciones, a más tardar, sabrás lo que la otra parte desea obtener. Procura entender a dónde quiere llegar la otra parte: dejar claros los intereses de todos los implicados es la mejor manera de llegar a una decisión acordada.

Plantéate las consecuencias a largo plazo antes y durante las negociaciones: ¿cómo te verá la otra parte a ti (o a tu empresa) en el futuro? ¿Qué efectos podría tener? ¿Cómo quieres sentirte cuando acaben las negociaciones?

Siva ha sido capaz de determinar su postura siguiendo los tres puntos anteriores. Los resumo a continuación:

 Negociaciones para aligerar la carga de trabajo

Estos son los tres puntos de Siva que sirven para aclarar su postura.

Punto 1: Determina tu postura actual y lo que esperas obtener.

- Lo que Siva tiene por ofrecer: rendimiento en la investigación, compromiso, fiabilidad.
- Objetivo: reducir la carga de trabajo en el laboratorio (trabajo rutinario y muy absorbente) contando con un estudiante en prácticas.
- Objetivo desde el punto de vista del supervisor: gasto extra pero, por otro lado, más presión también debido al nuevo proyecto de investigación y más estudiantes de máster: el trabajo tiene que compartirse de forma inteligente.
- Información necesaria acerca de las personas implicadas en la negociación y sobre el objeto de la misma: para empezar, ¿hay recursos suficientes disponibles para pagar un ayudante? ¿Ha habido casos similares en el pasado? ¿Cuántas horas se necesitan realmente para aliviar la carga de trabajo?

Punto 2: Distingue entre lo que es importante y lo que es flexible.
- Asuntos que hay que negociar: solo uno, ¡aligerar la carga de trabajo!
- Mejor resultado posible: un estudiante en prácticas. Ya hay un candidato bien cualificado y agradable...
- Resultado que sería aceptable sin más: no supervisar trabajos de máster hasta presentar la tesis doctoral. Este nuevo proyecto de investigación es una buena oportunidad para subir un peldaño... sin duda debería estar previsto.

Punto 3: Asegúrate de que todo sea claro y coherente.
- No hay nadie más implicado, en un sentido estricto.
- Lo que hay que aclarar: ¿qué implica para el grupo de trabajo que se asigne un estudiante en prácticas a una doctoranda? ¿La decisión recibirá apoyos o habrá objeciones?

Siva se prepara para la negociación partiendo de esta base. En primer lugar, aclara las cuestiones inciertas.
- Para ser precisos, necesita entre 8 y 10 horas de descarga de trabajo a la semana.
- A través de la secretaria descubre que no está claro si hay financiación para el nuevo proyecto. Pero nadie recuerda que una doctoranda haya contado con un estudiante en prácticas.
- El grupo de trabajo es consciente de la pesada carga de trabajo de Siva y se alegraría de que estuviera más aliviada en la etapa actual. Pero un colega que acaba de doctorarse no está demasiado contento. Deja claro que la solución de contar con un estudiante en

prácticas supone un plus inadecuado. Si todo el mundo lo pidiera...
Ya se ha fijado una fecha. Siva examina las distintas fases de la negociación para planificarla mejor.

Fases de la negociación

Resumen de las fases de la negociación
Una mesa de negociaciones pasa por distintas fases. En este resumen se incluye la preparación antes de las conversaciones y una labor de seguimiento.

 Negociaciones: secuencia de acontecimientos

Antes de las negociaciones: preparativos
Función: aclarar
Trabaja en la postura siguiendo los tres puntos explicados más arriba. Comprueba también con exactitud las fechas, la sala, las personas que asistirán, los materiales necesarios y la distribución de tareas.

Durante las negociaciones: fases
Fase 1: empezar
Función: crear un ambiente positivo
Cómo: conversación trivial, formular preguntas y escuchar, lenguaje corporal positivo, agradable

Fase 2: núcleo de las negociaciones
Función: encontrar una postura común

Cómo: generar argumentos, interrogantes, escuchar de forma activa, alinear posturas, encontrar compromisos, tomar decisiones

Fase 3: concluir
Función: acordar la puesta en práctica, garantizar relaciones positivas
Cómo: resumir, distribuir tareas, apaciguar la situación si no hay acuerdo, despedida amistosa

Después de las negociaciones: el seguimiento
Función: implementar el/los resultado(s), analizar las negociaciones: ¿Qué ha ido bien? ¿Qué podría mejorarse? ¿Cómo?
Cómo: sin implicar a más personas: autorreflexión, notas; implicando a más personas: reunión corta e intercambio de ideas; aquí también vale la pena tomar notas de los puntos importantes.

La primera fase de las negociaciones, es decir, los preparativos, son así para Siva:
- Los tres puntos se han aclarado, véase más arriba.
- Fecha: fijada. Lugar: despacho del jefe.
- No hay más gente implicada.
- Materiales: dos hojas de A4, una con un resumen de todos los trabajos y proyectos en los que Siva trabaja actualmente y otra con el CV del candidato para el puesto de ayudante de investigación.
- Otros preparativos: ninguno.

Siva también ha pensado en la segunda fase: las negociaciones en sí. Empezar (1.) no llevará mucho tiempo. Siva conoce a su jefe y es consciente de que es amable y, como persona extrovertida que es, le gusta la gente, aunque a menudo se muestra impaciente debido al exceso de trabajo. Por ello Siva sabe que tiene que ir al grano con rapidez. Siva quiere llegar al núcleo de las negociaciones (2.) lo antes posible. Como a su jefe no le gusta estar limitado a una única vía de acción, decide decirle para empezar que el tiempo del que dispone es demasiado poco para nuevos proyectos (tiene el resumen a mano para reforzar el punto visualmente durante las negociaciones) y que eso le preocupa. Entonces esperará una respuesta y asumirá lo que escuche. Espera convencer a su supervisor de la solución óptima (ayudante) en esta fase, si no, como mínimo, obtener algún tipo de alivio de la carga del trabajo que supone supervisar los trabajos de máster.

Durante las negociaciones (fases 1-3) vale la pena establecer un marco y unos límites.

 Establecer un marco y unos límites

- Insiste en que todo el mundo plantee todo lo que quiera, incluida tú. Esto también se aplica si alguien que está en una posición superior te interrumpe. Di educadamente: «Si se me permite acabar lo que estaba diciendo...»
- Si los participantes se desvían del tema, haz que vuelvan a centrarse en él educadamente.
- Emplea un registro lingüístico adecuado para la persona con la que estás hablando.
- Mantén contacto visual con expresión amable y gira el cuerpo

hacia la persona con la que hablas. Intenta no cruzarte de brazos ni de piernas.
- Mantén la calma incluso cuando te provoquen o si se acaba el tiempo, tanto a nivel interior como exterior. Respira de forma profunda y tranquila si te sientes estresado o enfadado.

Siva consigue lo que quiere: su supervisor reconoce que el nuevo proyecto de investigación (por el que tiene un gran interés) hace necesario reducir la carga de trabajo. Acepta contratar a un/a ayudante, pero también querría que esta persona estuviera disponible para trabajos especiales en el contexto del nuevo proyecto. Acepta la sugerencia de Siva de un buen candidato interesado, y también la hoja con el CV que ella le entrega. La consecuencia es que a Siva se le pide que organice una entrevista y contacte con la dirección. Ella se siente muy satisfecha y le dice a su jefe al marcharse lo contenta que está ante las nuevas perspectivas.

Fortalezas de los introvertidos para negociar

Algunas de las fortalezas implican que las personas reservadas se guardan muchos ases en la manga en las situaciones de negociación. Cuando te familiarices con los preparativos de las negociaciones y la secuencia de eventos, enseguida verás las ventajas más importantes que las personas reservadas presentan en tales situaciones y tendrás pistas para aprovecharlas al máximo.

Fortaleza 4: Saber escuchar

Saber escuchar hace que las negociaciones resulten más agradables: cualquiera que tenga la posibilidad de expresar su postura con claridad tiene más posibilidades de estar mejor preparado para tener en cuenta el punto de vista de la otra persona. Resulta de gran ayuda tener las preguntas adecuadas listas en el punto clave de las negociaciones (fase 2), pero la capacidad para escuchar y conceder el tiempo apropiado a tu interlocutor, también es importante. El hecho de que escuches hará que tu interlocutor sienta que se le trata en serio (al igual que el modo como abordes lo que tienes que decir). Esto implica que, con toda probabilidad, será más cooperativo y no se esforzará tanto para hacerse oír. Además, esto resta tensión a la situación y hace que resulte menos estresante.

En términos concretos, saber escuchar también te ofrece algo que resulta importante para el desarrollo de las negociaciones: información clave sobre el punto de vista y los intereses de tu interlocutor. Puedes incorporar ambos a tu pensamiento y a la búsqueda de resultados. Esto te supondrá una ventaja cuando te esfuerces por obtener un resultado que resulte aceptable para ambos.

Así pues, Siva se da cuenta de que cuando su jefe habla de la posibilidad de contratar a un ayudante, siempre acaba volviendo al proyecto de investigación y a los recursos que este necesita de forma urgente. Durante las negociaciones ella se plantea si sería buena idea que el ayudante participe en el proyecto de investigación. Así se amplía su margen de maniobra: ¡de repente al jefe también le parece atrayente la idea del ayudante!

Las tres preguntas sencillas que vienen a continuación harán que te resulte más fácil escuchar de forma sistemática en el transcurso de las negociaciones.

> **❓ Tres preguntas clave para oyentes inteligentes**
>
> 1. ¿Qué necesito detectar?
> 2. ¿Qué sentimientos detecto?
> 3. ¿Qué posibilidades veo para el resto de la conversación?

No temas retomar el hilo de lo que escuchas, pues demostrarás que piensas en lo que estás oyendo y que tienes en cuenta lo que dice tu interlocutor en vez de limitarte a insistir en tus propios argumentos. No lo repitas palabra por palabra sino que refleja lo que has entendido. Un ejemplo: el supervisor de Siva dice en la fase 3 de las negociaciones, la concluyente frase: «Bueno, ¡espero que no haya ningún problema de actitud!» Siva intuye cierto nivel de frustración y responde reformulando lo que ha oído: «Da la impresión de que ya has tenido algún problema con eso.» Entonces su jefe le explica un problema con la dirección y al final ellos dos acaban hablando de cómo evitar esas dificultades en el caso actual.

Fortaleza 6: Pensamiento analítico

Como persona reservada, tu capacidad de análisis hace que te resulte fácil determinar tu postura en la negociación. También puedes contrastarla con los deseos de tu interlocutor. Aparte, enseguida averiguarás qué información sigues necesitando para disponer de margen de maniobra. Tus dotes de análisis en la negociación te ayudarán a reformular la siguiente pregunta con precisión.

La pregunta analítica clave cuando se negocia:

> ¿Cómo puede esta información ayudarte a desarrollar el resto de la negociación?

Saber escuchar lleva a soluciones

Siva no ha podido averiguar antes de las negociaciones si existen los recursos necesarios para contratar a un ayudante. Así pues, escucha con atención cuando la conversación gira en torno a la financiación de la labor de investigación además del trabajo rutinario de la institución. Aquí piensa que no sería sensato preguntar por la financiación directamente, por lo que alude a ella de forma indirecta mencionando que un retraso en su trabajo podría generar costes y, por encima de todo, suponer un obstáculo en la financiación de su propio trabajo hasta que consiga el título de doctora. Tal comentario implica que al menos la idea de los recursos disponibles se ha puesto sobre la mesa. El dinero para el ayudante está ahí, y una solución relativamente favorable en comparación con las alternativas.

Fortaleza 8: Perseverancia

Dirige la conversación hacia donde quieras que vaya

Un introvertido tenaz tiene una ventaja clara durante las negociaciones: mantiene la calma y se muestra respetuoso mientras presenta su caso, sin desfallecer. La paciencia ha conllevado muchos éxitos después de muchos rifirrafes. No cabe duda de que insistir de forma rígida en una postura resulta pertinaz, pero ni es elegante ni presenta muchas posibilidades de éxito. Lo mejor es explotar tu propia resistencia empleando un lenguaje sutil para encaminar la conversación hacia lo que desees. Lo conseguirás fácilmente teniendo presentes ciertas frases de muestra:

 Cómo perseverar en tu cuestión

Aquí tienes varias frases de muestra para llevar a cabo tus negociaciones.
- «Volvamos a X otra vez...»
- «Lo que dices me recuerda a algo que mencionaste justo al comienzo, y es que...»
- «¿Cómo crees que esto puede ser compatible con (...)?»

Estas estrategias del lenguaje te mantendrán por el camino adecuado y te ayudarán a hacer que tu interlocutor te siga. ¡Así se comportan los verdaderos líderes!

Fortaleza 10: Empatía

Hacer que tu interlocutor te siga de este modo es especialmente importante cuando se negocia, por lo que tu empatía te resultará de gran ayuda. Sin embargo, esta fortaleza da más de sí: significa que no solo tienes la vista puesta en dónde quieres que te lleven las negociaciones, sino también en tu relación con tu interlocutor acerca del tema de las negociaciones.

Las personas reservadas y empáticas aspiran a llegar a una decisión en un espíritu de acuerdo verdadero y no a través de artimañas o manipulaciones de su interlocutor. Este tipo de enfoque resulta ideal para las negociaciones. Siva no deseaba estropear la relación con su jefe aunque no hubiera conseguido lo que quería.

La empatía no depende del estatus: los jefes reservados que tienen esta fortaleza también la valoran cuando sus empleados llegan a acuerdos en las negociaciones por iniciativa propia y no por estar presionados.

Si las negociaciones no llegan al destino esperado, la empatía ayudará a que sea una conclusión pacífica. Diciendo: «¡Lástima, pero quizá la próxima vez pueda convencerte!», la persona que no lo ha logrado esta vez no solo se distancia de la situación inmediata, sino que muestra un espíritu deportivo y una maravillosa confianza serena. No hay riesgo de conflicto y de autoproyección, lo cual no es lo habitual en muchos extrovertidos.

Obstáculos para los introvertidos durante la negociación

Al igual que puedes aprovechar tus fortalezas durante la negociación, existen posibles obstáculos que pueden plantearte desafíos y exigencias de persona reservada. Esta sección se centra en esas posibles dificultades y en la mejor manera de abordarlas.

> **? La pregunta para ti**
>
> ¿Cuáles de tus fortalezas personales puedes utilizar para que tus próximas negociaciones tengan éxito?
>
> **Mis fortalezas son...**   **... y así es como pienso utilizarlas:**
>
> _____   _____
> _____   _____
> _____   _____
> _____   _____

Obstáculo 6: Ser excesivamente cerebral

Las personas introvertidas que son excesivamente analíticas tienen tendencia a abordar las negociaciones con una creencia falsa: los mejores argumentos ganan. ¡Estaría muy bien que así fuera! Si la cuestión siempre fuera acerca de lo que es mejor, entonces nuestro mundo estaría en muy buena forma. Pero somos seres humanos. Los seres humanos tienen sentimientos. Y argumentar contra sentimientos, o sencillamente argumentar como si tu interlocutor no tuviera sentimientos... nunca acaba bien.

Las situaciones emotivas durante las negociaciones

Hay sentimientos para todos los gustos. Retomemos las negociaciones de Siva. En su caso existen tres factores en concreto que influyen en la actitud emocional de su jefe y en el intercambio negociador que se produce entre ambos: en primer lugar, Siva y su supervisor trabajan juntos cada día, lo cual crea cierta proximidad. Por suerte, en este caso trabajan juntos con una base de confianza y de respeto fundamental mutuos, es decir con dos posturas emocionales muy positivas. En segundo lugar, hay una diferencia de estatus entre Siva y su jefe, lo cual genera emociones: ¿cómo se toma el supervisor, su superior, el hecho de que Siva pida algo y espere algún resultado? ¿Qué ocurre si él no ve las cosas de un modo que encaje con las realidades de su doctoranda? ¿Bajo qué condiciones debería aceptar las sugerencias de una trabajadora? ¿Y qué opinión tendrán otras personas implicadas, el colega con el doctorado, por ejemplo, que hizo comentarios críticos?

Existe un tercer factor que parece banal, pero igual de importante en el ámbito emocional: ¿de qué humor está el supervisor ese día? ¿Tiene dolor de cabeza o acaba de pelearse con su mujer? ¿O tiene el estado de ánimo ideal, justo después de su sesión de *running* matutina? Así pues, ya ves que los sentimientos añaden un plano específico a la profundidad de la negociación. Por consiguiente, deberías:

> Tratar el plano emocional como parte del proceso de comunicación en cada negociación.

Para enfrentarte al siguiente obstáculo tienes que superar ciertos sentimientos a los que quizá te aferres para mantener tu postura.

Obstáculo 8: Ser prisionero de tu postura

Cualquier persona que tenga que negociar debe estar preparada para ser flexible. El motivo de ello radica en la propia naturaleza de la negociación: se trata de encontrar un punto medio entre tus intereses y los de tu interlocutor. Para ello tenéis que crear un acercamiento mutuo durante el transcurso de la negociación. Este movimiento se materializa si sopesas los criterios para tomar decisiones, alternativas y enfoques a las soluciones, o las desarrollas más. Suelen introducirse nuevos aspectos que son significativos y que necesitan espacio suficiente en las negociaciones.

En tal situación, ser prisionero de tu postura te perjudicará. Muchas personas introvertidas valoran una postura que pueda sopesarse y paz y tranquilidad para reflexionar. Es fácil perder de vista estos factores a lo largo del toma y daca de una negociación. Esto puede minar tanto la confianza como la armonía: es como tratar una pieza de música de cuatro tiempos como si tuviera tres. No obstante, sí que puedes tomar medidas para compensar: usa tu capacidad analítica (¡así como tu predilección por escribir!) para asegurarte de que tienes margen de maniobra en las negociaciones. El paso clave es dar estructura a informaciones nuevas y complejas.

Mantente flexible gracias al análisis

Ayuda para llevar a cabo las negociaciones

Toma notas durante las negociaciones para tener bien clara la situación. Puedes utilizar títulos para cambiar el énfasis o proponer que se aplacen algunos puntos de acuerdo con tu interlocutor y plasmarlos al final por escrito.
Las notas casi nunca enlentecen una conversación, más bien al contrario: cuando escribes algo, muestras a tu interlocutor que te tomas en serio sus palabras.

Obstáculo 10: Evitar el conflicto

Siempre habrá negociadores que de forma consciente o inconsciente presionen para reforzar su posición. Insisten en tomar decisiones rápidamente, hablan cada vez más deprisa, más alto o dan muestras de impaciencia a través de su lenguaje corporal, tamborileando con los dedos, por ejemplo, o inclinándose hacia delante. Los extrovertidos que se cansan enseguida durante las negociaciones por culpa de su temperamento son especialmente propensos a comportarse así. De todos modos, tu interlocutor también puede acelerar el asunto a propósito para mostrar su poder y presionarte para que tomes una decisión. En situaciones similares, a muchas personas reservadas les parece que su interlocutor introduce de manera expresa el potencial de conflicto en la negociación, es decir, muy desagradable. La consecuencia: permites que la presión transmitida te haga sentirte tenso, lo cual es fácil que debilite tu postura de negociación.

Si estás negociando con alguien que te presiona, el primer paso debería ser alejarte internamente. Presta mucha atención a lo que sucede, observa la situación y a tu interlocutor, como si estuvieras viendo una película. Así te resultará difícil reaccionar de forma instintiva retirándote o defendiéndote con agresividad.

El primer paso: sé consciente de que tu interlocutor quiere presionarte

Ten en cuenta que tú eres quien decide cómo discurrirán las negociaciones y qué resultado obtendrás. Nadie te obliga a aceptar el tempo elevado ni la presión temporal de tu interlocutor. Para diferenciarte, respira hondo y mantén tu ritmo y tu propia estrategia.

El segundo paso: respira hondo y mantén tu ritmo

Aquí puedes emplear tanto el lenguaje verbal como el corporal: resume brevemente qué importa a tu interlocutor, pero sin especificar lo que pide («Entiendo que lo más importante para ti es ceñirse al presupuesto»). Esto deja claro que tienes presente los intereses de la otra persona, sin ceder ante ella. Cuando hables, mantén tu velocidad y volumen habituales. Mantén un contacto visual continuo: estate atento, pero sin mirar fijamente. Mueve los ojos en el «triángulo profesional» del rostro de tu interlocutor entre las cejas y la punta de la nariz.

No decir nada es también una potente estrategia negociadora. Una persona que guarda silencio en vez de precipitarse para seguir hablando después de hacer una oferta irradia confianza. También puedes mantenerte callado cuando tu interlocutor te haga una oferta: nadie te obliga a cambiar de postura de forma inmediata. Así pues, piénsate la oferta con tranquilidad. Incluso podría darse el caso de que tu interlocutor rectificara de forma espontánea... Si la presión que tu interlocutor ejerce en esta situación resulta demasiado estresante para ti, y lo ves factible, puedes proponer una pausa: pospón el resto de la conversación hasta más tarde.

El tercer paso (opcional): ¡propón una pausa!

A veces no es viable aplazar unas negociaciones, por ejemplo si tu interlocutor no tiene mucho tiempo, o no suele estar disponible al momento. ¡Entonces ha llegado la hora de perseverar y seguir luchando! Emplea tu capacidad de escucha, el pensamiento analítico y la tenacidad. Limítate a los dos primeros pasos, que te han enseñado a vivir sin temor al conflicto. ¡Que tengas mucha suerte!

! Plantéate:

¿Cómo abordarás tus necesidades y obstáculos en el futuro?

Mis obstáculos...   **... y cómo pienso abordarlos:**
_____   _____
_____   _____
_____   _____

Resumen de los puntos clave

- Cuando estés negociando, la clave consiste en caminar juntos hacia una postura que resulte aceptable para todos los implicados.
- Los puntos más importantes cuando prepares las negociaciones son **esclarecer tu postura** y **planificar las fases** de la conversación. Ambas partes se sienten seguras si la conversación no se va por otros derroteros.
- Las siguientes **fortalezas** son especialmente útiles para las personas reservadas que negocian: saber escuchar, pensamiento analítico, perseverancia y empatía.
- De nuevo, los **obstáculos** específicos durante una negociación son el exceso de atención al detalle, la fijación y evitar el conflicto. Pero cualquiera que sea consciente de estos «puntos de presión» personales aprenderá a mantenerlos a raya de forma que no provoquen ninguna desventaja ni causen un estrés indebido. Esto se aplica especialmente para evitar el conflicto.

8

Ser el centro de atención: cómo hablar en público

Manuel es desde hace poco jefe de departamento en una empresa de tamaño mediano de la industria del metal. Lleva varios años trabajando en el equipo directivo que ahora tiene que dirigir. Está familiarizado con la situación financiera y también conoce bien a muchos de los trabajadores. Manuel se encuentra en la cima de su carrera. Pero por ahora solo ha tenido que comunicarse en contextos manejables: en el cargo directivo que había ocupado hasta ahora tenía que trabajar en reuniones con diez (o raramente un máximo de quince) personas y, como persona reservada que es, siempre prefirió grupos reducidos a numerosos. Presentar presupuestos y cuentas anuales nunca fue su trabajo preferido, pero conoce a sus colegas y ya se ha habituado a estas situaciones.

Pero el ascenso de Manuel le plantea nuevos retos. Hoy mismo se ha enterado de que Stuart, uno de sus colegas del equipo de mandos intermedios de su departamento, se jubila el mes que viene. Una de las funciones de Manuel como jefe del departamento es pronunciar el discurso de despedida. El mero hecho de pensar en un discurso como este hace que le entren sudores. Conoce al hombre que se jubila y le cae bien. Pero hablar ante 120 personas y sobre ese tema, que no tiene nada que ver con su rutina profesional, es una tarea que preferiría evitar.

Apariciones públicas - un proyecto de desarrollo

Al igual que a Manuel, a las personas reservadas no les suele hacer gracia aparecer en público. La situación presenta demasiados elementos que les desagradan: comunicarse con una gran cantidad de gente, la posición «destacada» que supone ser el foco de atención, hablar durante mucho tiempo sin la posibilidad de retirarse, todo lo cual puede convertirse en una carga.

Se puede aprender a hablar en público

Ahora llega la buena noticia: la mayoría de los introvertidos son capaces de conseguirlo. Que una aparición pública resulte satisfactoria no depende de cosas como el talento para hablar o el carisma innato. Ambos pueden resultar útiles, pero para que una aparición resulte satisfactoria también puede recurrirse a otros métodos. Se puede aprender a dar charlas y a hacer presentaciones con mucha facilidad. Incluso Barack Obama hizo un cursillo sistemático para aprender a pronunciar discursos. Antes de dedicarse con determinación a convertirse en el paradigma del orador carismático y de retórica refinada se le tachó de «rígido y profesoral», «soporífero» (revista *Time*, 5.8.2008) o de «rígido y monótono» (Ted McClelland, retrospectiva en la revista *Chicago*, junio de 2007).

Sin embargo, en julio de 2004, Obama causó furor por todo Estados Unidos con su discurso en el congreso del Partido Demócrata celebrado en Boston, cuando pronunció 2.297 palabras en 17 minutos. Pero no se había transformado en un orador talentoso de la noche a la mañana: llevaba varios años esforzándose para desarrollar su estilo de oratoria personal y, en concreto, para presentarse como la gran esperanza política. Un proceso de desarrollo gradual y persistente le convirtió en una presencia exitosa. Su ejemplo como líder introvertido pone de manifiesto que este proceso de desarrollo puede ser un camino largo para cualquier persona.

La rutina crea confianza

Aunque no pretendas llegar a ser presidente, primer ministro ni canciller, aprender a hablar en público te hace crecer a nivel personal y te beneficia desde un punto de vista profesional. La fase inicial es la más desafiante, porque te faltará experiencia. Pero cuanto más a menudo asumas el riesgo de enfrentarte a una audiencia y cuanto más regular seas en el uso de las estrategias que aquí te recomiendo, más seguro y confiado te sentirás hablando en público.

¿Cuándo se considera que una conferencia ha tenido éxito?

Imagina pensar tras una conferencia: sí, ha valido la pena. Ha ido bien. ¿En qué circunstancias dirías una cosa así? Es decir, ¿qué hace exactamente que una aparición se considere exitosa?

A fin de que tengas una idea clara de lo máximo a lo que puedes aspirar, te presentamos un resumen que contiene los tres ingredientes esenciales para el éxito. Por favor, ten en cuenta que este resumen no tiene por objetivo subir el listón y estresarte todavía más. Al contrario, la intención es que te sirva de guía para convertir el concepto vago de «buen discurso» en cualidades concretas. Es una promesa: puedes conseguir todo lo que leas en la siguiente lista empleando unas pocas estrategias. Tal como descubrió Barack Obama, ¡lo esencial es la práctica!

Los tres criterios de éxito más importantes

Tu conferencia se considera exitosa cuando te presentas ante un público de una manera acorde con tu personalidad

El primer criterio guarda relación con tu *papel como orador*. A todos los públicos les gusta escuchar a personas auténticas. Pero si una persona se limita a interpretar un papel y finge ser quien no es, se somete a él mismo y a otras personas a una tensión, por no hablar del hecho de que interpretar un papel como ese exige años de formación como actor. Por lo tanto, no deberías intentar actuar, ni tampoco lo necesitas. Sé fiel a ti mismo. Así te ahorrarás una gran cantidad de energía y resulta mucho más eficaz. Así pues, si tiendes a ser objetivo y comedido en tus movimientos, sigue siendo así también ante el público. No hace falta que montes un espectáculo para interesar a otras personas en tu tema y transmitirles tus inquietudes. Busca otros efectos positivos, como hacer que la gente crea en lo que estás diciendo y comunicar la idea de que el asunto está en buenas manos gracias a tu experiencia. O dales la impresión de que el asunto significa mucho para ti. Puedes crear ese tipo de efecto mostrándote tranquilo, minucioso y bien informado. Adopta un enfoque tranquilo si el humor no es tu fuerte. Limítate a gestos comedidos en vez de atrevidos si te sientes más cómodo así. En suma: encuentra tu propio estilo. Un esbozo de sonrisa en el momento adecuado puede resultar mucho más eficaz que una carcajada artificiosa que no refleje tu verdadera personalidad.

 Plantéate (para tu próximo discurso):

¿Cuáles deberían ser tus principales características como orador? Aquí tienes unas cuantas sugerencias:

relajado	objetivo	coloquial
humorístico	amable	sencillo (incluso cuando trates asuntos complicados)
optimista	reflexivo	voz potente
alentador	honesto	movimientos vigorosos
serio	resuelto	entonación animada
sustancial	claro	gestos amables

Otras cualidades: _____
_____

Si no estás convencido de cuáles son tus fortalezas, consulta a las personas allegadas. ¿Cómo te ven? Una cosa es importante: si quieres dar sensación de seguridad a tu público, lo conseguirás mucho mejor y de manera más sencilla explotando tus fortalezas y basando tu rendimiento en ellas. Además, tal como te ha enseñado ya este libro, cuando hagas una aparición pública también deberías tener en cuenta que tus obstáculos están al acecho y ser consciente de cuáles son tus puntos de presión y necesidades para evitar que te sorprendan.

Manuel es jefe de departamento y sus fortalezas radican en el hecho de que habla con voz pausada y al volumen adecuado, de manera que se dirige al público como si fuera una conversación personal. También ve que puede explotar esta vena especialmente bien en esta ocasión: un discurso de despedida que también supone su primera aparición ante todo el equipo con el que quiere establecer un buen vínculo como nuevo jefe.

Tu discurso será un éxito si transmites un mensaje claro

El segundo criterio gira alrededor del *contenido de tu discurso*. ¿Cuál es el punto clave que deseas comunicar? Si tus oyentes tuvieran que quedarse con una sola frase importante de los puntos que tratas, ¿cuál debería ser? Ningún ponente debería subir a un estrado sin un mensaje clave, da igual que sea para rendir homenaje a una persona, vender un producto o llegar a una hipótesis científica.

Manuel ya ha formulado su mensaje clave: «Te apreciamos, Stuart y, al igual que tú, nos emociona esta nueva fase de tu vida.» Toma esta frase como base para recopilar información concreta sobre Stuart que le sirve para ilustrar tal afirmación: ¿qué han hecho juntos él y Manuel? ¿Cómo le veía el departamento? ¿Qué le hace distinto como colega? Manuel quiere usar toda esta información para construir su punto clave y concentrarse en él.

Por norma, a las personas reservadas este segundo criterio para el éxito relacionado con el contenido es el más fácil. Y esto no solo se aplica a quienes están especialmente dotados para el pensamiento analítico, fortaleza 6: las personas reservadas tienen tendencia a pensarse muy bien lo que quieren decir antes de hablar. Se necesita disciplina para reducir el propio discurso a una sola frase. Sin embargo, vale la pena el esfuerzo: en cuanto hayas determinado cuál es el punto clave de tu discurso, te resultará fácil construir y analizar de forma sistemática todos los demás puntos que quieras tratar. Esto te ayuda a encontrar la manera de abordar el material al tiempo que ayuda al público.

 Preguntas para ti (para tu próximo discurso)

¿Cuál es tu mensaje clave, en una sola frase?

¿Qué material necesitas para construir tu mensaje clave y guiar al público?

_____
_____
_____

¿Qué material necesitas para presentar tu mensaje clave de forma animada e interesante?

_____
_____
_____

Tu discurso tendrá éxito si sintonizas con el público y sus necesidades

El contacto positivo con tu público es el tercer criterio de éxito importante. Tu discurso solo tendrá éxito si consigues transmitir tus mensajes al público. En términos específicos, esto implica que el público te siga (porque les ofreces suficientes pistas) y también que quiera seguirte (porque cuentas cosas interesantes). Este criterio facilita tu papel como orador: te libera de la carga de tener que dar la impresión más positiva posible a nivel personal mientras estás bajo la luz despiadada de los focos. En cambio, el foco recae en las necesidades del público y, por consiguiente, en transmitir tu mensaje y dirigirte a otras personas, y con todo ello se llega a las necesidades del público. Más concretamente, ¿cómo actuar y cuál es la mejor manera de hacer que el contenido resulte interesante para las personas que han venido a escucharte?

Obtendrás una respuesta válida si te planteas más preguntas útiles cuando prepares tu discurso: ¿qué información necesita tu público? ¿Qué saben ya acerca del tema? ¿Qué tipo de lenguaje es mejor utilizar? ¿Qué estado de ánimo tendrán las personas con las que hablas y qué expectativas tienen de ti? ¿Quieres sorprender a tu público o intentar cumplir con las expectativas que supones que tienen?

Estas cuestiones revelan a Manuel que su público estará interesado sobre todo en él. ¿Cómo se comportará el nuevo jefe de departamento en su nuevo cargo? ¿Cómo tratará a sus compañeros de empresa? Decide que se despedirá de Stuart de manera que sus compañeros noten que la persona que tienen delante es humana y los respeta. Además, se darán cuenta de que tiene las ideas claras.

❓ Varias preguntas para ti (para tu próximo discurso)

¿De qué tipo de personas estará compuesto el público?
_____

¿Qué cualidades importantes necesita tu discurso?
_____

¿Cómo te valora (a ti y a tu cargo) el público?
_____

¿Tu público está formado por distintos grupos con actitudes diferentes? ¿Cuáles son?
_____

¿Qué nivel de información tiene el público acerca del tema?
_____

¿Qué puede pensar el público acerca del tema?
_____

¿Qué denominador común puedes encontrar para tu público (que podrías utilizar como punto de partida para tu discurso)? (Ejemplos: origen, formación, intereses, conexiones, opiniones...)
_____
_____

¿Cómo piensas variar el asunto a tratar de acuerdo con estos elementos?
_____
_____
_____

Triángulo de los criterios para el éxito

Si cumples estos tres criterios para el éxito ya estarás bien encaminado para que el discurso tenga éxito. El diagrama de la página siguiente muestra las relaciones entre ellos.

El siguiente paso nos lleva a la fase de preparación. Dedícale tiempo y así ganarás seguridad y fomentarás también una actitud receptiva. Se trata de una fase especialmente agradable para las personas reservadas: un discurso puede prepararse con tranquilidad, a solas, sin público...

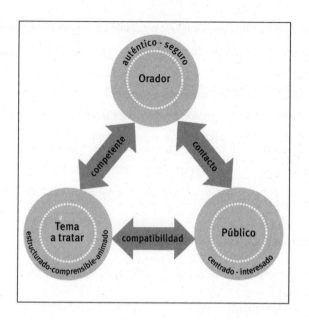

Oportunidad y protección: ¡la fase de preparación!

Ventajas de la planificación

Piensa antes de hablar: este consejo seguro que surgió de una persona reservada. Lo ideal sería que tuvieras tiempo más que suficiente para ello. Pero a veces hay poco tiempo y entonces es de suma importancia trabajar con determinación y concentración (fortaleza 3) cuando prepares lo que vas a decir. Este enfoque de planificación te proporciona dos ventajas rápidas. En primer lugar, lo que dices en público se ha pensado bien y está bien estructurado. En segundo lugar, te sientes mucho más seguro puesto que entras en un terreno conocido con respecto a lo que piensas decir.

Basa siempre tu preparación en las estrategias de la sección anterior: responde a las preguntas con relación a los tres criterios de éxito, es decir, en relación contigo como persona, en relación con el tema a tratar y en relación con el público. En esta sección aprenderás a estructurar el tema a tratar.

Cualquier discurso, ya sea un brindis, un informe de empresa o el discurso de despedida de Manuel para Stuart, se divide en tres partes. Tiene una introducción, una sección central y una conclusión. No se trata de poner etiquetas: cada una de estas tres secciones tiene una función determinada y es importante que la tengas en mente cuando prepares el material. A continuación encontrarás un pequeño resumen.

 Secciones de un discurso y objetivos correspondientes

Introducción
- Despierta interés por el tema a tratar.
- Establece una postura.

Sección central
- Presenta el tema de forma clara e interesante.

Conclusión
- Define el punto clave y hacia dónde lleva con claridad.
- Deja claro lo que se supone que el público tiene que pensar, hacer, apoyar.
- Llega a una conclusión definitiva.

La hoja de planificación que encontrarás más adelante engloba los distintos requisitos. Suelo usarla en mis seminarios. Te ayudará a estructurar en poco tiempo cualquier discurso que tengas que hacer. Por supuesto, tienes que saber de qué vas a hablar, pero eso no suele suponer un problema para las personas reservadas. Emplea la hoja cuando prepares el discurso para colocar el tema apropiado en el lugar correcto.

Como un discurso público no es una conversación, es muy poco probable que tengas problemas con la velocidad a la que te comunicas si te lo preparas bien; seguramente serás considerado y no tendrás que ser espontáneo ni improvisar.

Aprovecha tus fortalezas cuando pronuncies un discurso

La mayoría de las personas reservadas consideran el hecho de hablar en público territorio extrovertido —es una plataforma que a ellos les encanta y que parece reservada para su propio éxito—. Esta idea puede resultar muy descorazonadora. Pero las personas reservadas tienen algunos puntos positivos a su favor, y pueden emplearlos para ayudarles a dar charlas y discursos excelentes.

Fortalezas típicas de los introvertidos

Como en los dos últimos capítulos, aquí también encontrarás fortalezas características de las personas introvertidas. En este caso, al pronunciar discursos. Recurro a estos ejemplos para demostrar algo que las personas reservadas suelen pasar por alto: pueden aprovechar sus ventajas para anotarse puntos valiosos ante el público.

Fortaleza 2: Sustancia

Las personas con sustancia saben de qué hablan. Esto resulta más evidente en una charla que se da ante un público: a Manuel nunca se le ocurriría aparecer en público para decir nimiedades o expresar ideas que no ha meditado bien.

Preparar un discurso: hoja de planificación
Título: Punto clave:
INTRODUCCIÓN *Zoom in*: introduce el tema a partir de algo conocido,   o algo sorprendente resumen de contenidos:
SECCIÓN CENTRAL: **DIVÍDELA EN TRES SECCIONES/ASPECTOS** **Aspecto 1:** implicación/ventaja **Aspecto 2:** implicación/ventaja **Aspecto 3:** implicación/ventaja
CONCLUSIÓN resumen/repetición de los puntos clave *zoom out*: ubicar lo que se ha dicho en un   contexto más amplio

Aquí tienes un resumen que muestra lo más importante y las mejores consecuencias de utilizar material que es rico en sustancia cuando se pronuncia un discurso:

> **! Ventajas de los discursos con sustancia**
>
> 1. No incluyen trivialidades aburridas ni estereotipos vacíos («Me alegra ver tanto público...» «Antes de acabar, me gustaría...»)
> 2. El tema a tratar se ha reflexionado y examinado de forma minuciosa.
> 3. Ni autobombo exagerado ni bromas malas.
> 4. Información sobre el orador (él o ella están bien elegidos y encajan con el tema a tratar).
> 5. La importancia del tema a tratar se demuestra con claridad.

En resumen: estas ventajas implican que el ponente (sin llamar demasiado la atención) se concentra en el tema en cuestión, llega al fondo del asunto y tiene en cuenta el tiempo de su intervención y la capacidad de concentración del público. La sustancia no solo tiene repercusiones con respecto al asunto a tratar, también da al público la impresión de que el ponente que tienen delante les cuenta algo personal que guarda relación con el asunto en cuestión. Así pues, plantéate: ¿qué es importante, relevante o interesante para ti personalmente sobre el tema del discurso? ¿Hasta qué punto puedes incorporarlo en el discurso?

> ¿Qué relación personal tienes
> con el tema en cuestión?
> ¿Hasta qué punto puedes incorporarlo
> al discurso?

Cuando se plantea esta pregunta, Manuel recuerda un viaje a un centro de formación continuada que él y Stuart hicieron juntos. Aquello le brindó la oportunidad de ver una cara totalmente distinta de su compañero de trabajo: Stuart le habló (con cierta reticencia al comienzo y luego con gran entusiasmo) sobre la primera exposición que le acababan de ofrecer como escultor aficionado. Nadie del trabajo lo sabía, pero ahora Manuel tenía el permiso del recién jubilado para hablar de ello. Qué material tan maravilloso: ahora Stuart puede dedicarse a algo importante, valioso y que tiene un gran significado para él. Y Manuel puede explicar al público lo mucho que le impresionaron las esculturas cuando las vio...

Fortaleza 3: Concentración

Aunque Manuel ya ha tratado el asunto de acuerdo con su postura, le preocupa que antes de tomar la palabra su talante sosegado y coloquial resulte poco apropiado para muchos oyentes y pueda parecer fuera de lugar y aburrido en ese ámbito. Pero dado que la concentración es una de sus fortalezas no tiene por qué preocuparse demasiado. Manuel puede anotarse puntos empleando una mayor intensidad cuando un extrovertido hablaría con energía, con gestos exagerados y una oratoria brillante. Es decir, puede prestar atención total a la situación, el contenido y el público, y dedicar toda su energía al discurso. El factor clave es que Manuel concentra su energía allá donde conviene al discurso: aprovechando «esta» oportunidad para presentar «este» tema a «este» público.

Es obvio que concentrarse en uno mismo puede resultar contraproducente cuando se pronuncia un discurso e intranquilizar al ponente. Además, no hace falte que te centres demasiado en ti: el lenguaje corporal y la voz tienden en gran medida a adaptarse al estado de ánimo del orador y a lo que se le pasa por la cabeza. Por eso pueden tener tanto impacto: ¡suelen revelar mucho más de lo que la persona implicada desea en realidad!

Limítate a gestos escasos y bien definidos

No hacen falta gestos grandilocuentes. Es mucho más importante que los movimientos estén definidos con claridad, es decir, que tengan un comienzo y un fin. Lo mismo pasa con la entonación: no es preciso que la exageres, pero articula cada frase justo hasta el final (es decir, no dejes que se te apague la voz), e introduce pausas expresas en los puntos importantes. Asegúrate también de que una afirmación suene como tal y no como una pregunta. Las personas reservadas suelen lanzar afirmaciones que suenan como una pregunta («¿Esto es lo que quería decir?»), lo cual significa que, sin querer pero de forma literal, hacen que su entonación cuestione sus afirmaciones e ideas, y así las despojan de la contundencia que la fortaleza de la capacidad de concentración del orador ha hecho posible.

Para resumir, puede decirse que la concentración te permite actuar con tranquilidad, contundencia y con dedicación. ¡Aprovecha el impacto positivo que creas cuando tomes la palabra!

Fortaleza 10: Empatía

Ten en cuenta los puntos de vista de tus oyentes

Ya debes de intuir que la persona que se presenta ante un público no puede ponerse en la piel de cada asistente. Aun así, la empatía como fortaleza es una ventaja especial para un orador reservado. El orador empático se encuentra en una posición que le permite tener en cuenta los puntos de vista de sus oyentes, averiguar qué necesitan y abordar esos temas primero. No es de extrañar que el clásico extrovertido al que le encanta acaparar la atención deje de lado las necesidades de los oyentes demasiado a menudo y pase por alto el tercer elemento de éxito: el de prestar atención a las necesidades de los oyentes.

Pero ¿qué significa empatía en el contexto de un discurso? Volvamos a Manuel y a su despedida de Stuart. Dado que Manuel sabe pensar con empatía, hará lo siguiente durante el discurso:

- tener en cuenta lo que sus compañeros piensan de Stuart: le echarán de menos y Manuel lo enfatizará en términos concretos
- calibrar lo que al público le resulta especialmente interesante: en este caso, él mismo en su nuevo cargo
- asegurarse de que el público encontrará la manera de sintonizar con él como orador: ahí se incluirá la ex-

periencia compartida con Stuart como escultor aficionado
- incluir al público en el acto: al final del discurso, pedirá a los tres colegas más próximos a Stuart que le acompañen para entregarle el regalo del departamento y digan unas palabras.

Hablar sin notas

Sin duda, Manuel seguirá el consejo que su *coach* le ha dado: hablará sin notas y solo tendrá unos cuantos encabezamientos delante de él para evitar la tentación de leer su manuscrito y evitar así el contacto (obstáculo 9). Manuel también se encargará de mantener contacto visual a fin de sopesar las reacciones del público y tenerlas en cuenta cuando convenga: para un buen orador, toda ocasión de hablar en público se convierte en un diálogo.

 Plantéate:

¿Cuál de tus fortalezas puedes explotar a propósito cuando haces un discurso? Escribe unas cuantas notas breves para mostrar cómo utilizar estas fortalezas de una manera más eficaz.

Fortaleza 1: Prudencia

Fortaleza 2: Sustancia

Fortaleza 3: Concentración

Fortaleza 4: Saber escuchar

Fortaleza 5: Calma

Fortaleza 6: Pensamiento analítico

Fortaleza 7: Independencia

Fortaleza 8: Perseverancia
Fortaleza 9: Escribir (más que hablar)
Fortaleza 10: Empatía
Fortaleza adicional: _____
Fortaleza adicional: _____
Útiles de las siguientes maneras:

_____
_____
_____
_____
_____
_____
_____
_____
_____

Superar las dificultades al dar una conferencia

Obstáculos característicos para los introvertidos al dar una conferencia

Por el momento vamos bien: resulta que las personas introvertidas tienen fortalezas que les ayudan a hablar en público. Así pues, ¿por qué hay tantos introvertidos a los que desagrada especialmente hablar en público, y por qué tantos de ellos son incompetentes como oradores? El hecho de que las personas reservadas prefieran dirigirse a un grupo reducido de personas o a una sola persona, no es el motivo adecuado, tal como demuestra la situación contraria: un orador estimulante capaz de llenar un auditorio no tiene irremediablemente problemas cuando habla con una sola persona.

La respuesta a estas cuestiones críticas radica en los obstáculos específicos a los que se enfrentan las personas reservadas. Veamos unas cuantas de ellas.

Obstáculo 1: Miedo

El miedo puede adoptar muchas formas en el contexto de los parlamentos públicos. Uno de ellos es el *miedo escénico*, la sensación de incomodidad que se apodera del cuerpo antes y también durante una aparición. Se considera que tres cuartas partes de la población sienten miedo antes de aparecer en público. Así pues, las estadísticas ponen de manifiesto que el miedo escénico no es patrimonio de las personas reservadas. También aparece independientemente de lo experimentada o competente que sea la persona que lo siente: incluso actores curtidos, los profesores más inteligentes y los músicos de gran talento sienten miedo escénico antes de su aparición. Para empezar, se trata de una respuesta física. Analicémosla con más detalle: cuanto más sepas acerca del miedo escénico, menos duro será y podrás manejarlo mucho mejor.

El miedo escénico es una forma moderada de miedo, o ansiedad, antes de aparecer en público. Presenta infinidad de ventajas: incluso una dosis pequeña de adrenalina despeja a las personas y hace que estén alerta delante del público. Es biológicamente imposible sentirse cansado y aburrido si el cuerpo se activa tal como acabamos de describir.

Miedo escénico: causas y consecuencias en el cuerpo

- El miedo escénico es una reacción ante el estrés. El cuerpo tiene que poder reaccionar con rapidez a fin de dominar una situación que considera peligrosa. Da igual si el peligro procede de un perro feroz o de una aparición en público: básicamente tienen el mismo efecto a nivel fisiológico.
- Esta reacción la desencadena el sistema nervioso simpático, la parte del sistema nervioso vegetativo responsable de impulsar el rendimiento del organismo, como cuando se tiene una sensación repentina de estrés o cuando una persona sufre un ataque o tiene que huir.
- El sistema nervioso simpático desencadena un incremento de la hormona adrenalina en la médula adrenal. El cortisol se genera como segunda hormona del estrés.
- Las dos hormonas confinan el cuerpo a una cantidad limitada de respuestas para ayudarle a lidiar con el peligro (por lo menos en el caso del ataque del perro). Estas reacciones son ataque, huida o parálisis.
- Las hormonas del estrés también tienen efectos distintos entre una persona y otra. Los posibles efectos, entre otros, son: aumento del ritmo cardiaco, respiración rápida, cambio en el flujo sanguíneo (relacionado con ponerse rojo o empalidecer), espasmos o temblores en partes concretas del cuerpo, problemas en el aparato digestivo (náuseas, flatulencia y eructos, diarrea, necesidad de orinar), o incluso problemas en el sistema nervioso (aumento del nivel de sudoración, palpitaciones oculares, dolor de cabeza o mareo).

Superar el miedo a aparecer en público

Tal como sucede con tantas sustancias, no es la dosis lo que importa en el caso de la adrenalina. Solo resulta negativa cuando el miedo escénico se transforma en pavor a aparecer en público, la segunda forma de miedo después del miedo escénico que hace que resulte sumamente difícil enfrentarse a un público. El hecho es que ese pavor provoca un bloqueo real: te sientes una víctima impotente de la situación. Ya no puedes decir lo que quieres ni puedes rendir al máximo de tus posibilidades. La mala respiración (provocada por el estrés) y la concentración de sangre en las extremidades (pero no en el cerebro), sumado al aumento del nivel de estrés puede provocar problemas de concentración y, en el peor de los casos, desmayos. El contacto con el público resulta más difícil. Parecer seguro y competente, cuando sientes la amenaza real de aparecer en público, supone un verdadero reto.

La cuestión obvia es la siguiente: ¿cómo pueden superarse esta ansiedad —tanto el miedo escénico como el pavor a aparecer en público— y sus síntomas negativos? La fuerza de voluntad y la autodisciplina no son la mejor manera pues, tal como ponen de manifiesto las consecuencias físicas que causan las hormonas del estrés, síntomas como dolor de cabeza, rubor y náuseas, no pueden disimularse.

Estrategia número 1 para combatir la ansiedad: Hablar en público con regularidad

Se puede hacer algo y se puede hacer a tres niveles: el primero es el *hábito*. Procura practicar con regularidad. Si el discurso reviste una importancia especial, puedes ensayar con un público formado por amigos o colegas de confianza. Si te expones de forma deliberada a situaciones de discurso con regularidad, el centro de ansiedad de tu cerebro registrará una y otra vez que te enfrentas a ese hecho sin que haya consecuencias graves. Así la ansiedad será menos intensa y los síntomas quedarán también aliviados, algo que solía verse como peligrosamente desconocido va convirtiéndose en una costumbre, fenómeno conocido como desensibilización. La experiencia hace que estés más relajado y más seguro. La resistencia interna que sientes al hablar en público no desaparece del todo, pero se va debilitando con el tiempo. La ansiedad pierde fuerza.

Una buena manera, además de imbatible, de hablar en público de forma regular es apuntarse a un club de maestros de ceremonias. Estos clubes se han propuesto que sus socios sean buenos oradores y líderes. El método utilizado es la formación entre iguales, cuando un socio hace un discurso, el resto de los socios lo valoran. También aprenderás a hacer valoraciones, a hablar de forma improvisada, a presidir una reunión, es decir, a hablar delante de otras personas en distintas situaciones. Hay clubes de maestros de ceremonias en todo el mundo: al final del libro encontrarás el enlace correspondiente en la lista de sitios web útiles.

De todos modos, hay que hacer una puntualización: si sufres de una forma grave de ansiedad ante la perspectiva de hablar en público, es mejor que recibas ayuda de un terapeuta para superar el proceso de desensibilización.

Estrategia número 2 para combatir la ansiedad: Emplea estrategias mentales

En segundo lugar, puedes reducir la ansiedad ante la perspectiva de hablar en público aplicando tu capacidad de pensamiento consciente. Recordarás que la concienciación influye en los procesos físicos.

> La mentalidad adecuada para manejar la ansiedad: ¡estoy bien preparado!

Antes que nada, asegúrate de estar bien preparado: cuando te digas con seguridad en las fases preliminares que estás bien preparado, esta mentalidad te librará de mucha angustia desde un buen comienzo. Pero lo cierto es que tienes que estar bien preparado de verdad. Así le quitarás presión a la memoria a corto plazo, que funciona de forma más limitada cuando las personas reservadas están en una situación de estrés. También tendrás más margen de improvisación si ocurriera algo inesperado.

> Otra mentalidad para manejar la ansiedad: vale la pena arriesgarse por el tema en cuestión

Esta mentalidad apela a tu «yo elevado». Te ayuda a apartar la mirada de ti mismo y aspirar a un objetivo más elevado. El asunto a tratar es tan importante que vale la pena el esfuerzo y el malestar personal asociados a la aparición en público. Resulta interesante que esta estrategia ofrezca un alivio especial a los introvertidos: el córtex cerebral aplaca el centro de la ansiedad del cerebro. Pruébalo: funciona.

Estrategia número 3 para combatir la ansiedad:
Cuida de tu cuerpo

Por último, deberíamos mencionar algo que muchos de mis clientes reservados consideran la catástrofe máxima: quedarse en blanco. Es cuando se pierde el hilo totalmente, es decir, el acceso a lo que quieres decir. Pero *no pierdes lo que ya has dicho*, por lo que se convierte en un buen punto de referencia: repítelo o resume el asunto clave.

Antes de hacer tal cosa, dedícate a una segunda actividad: respira. Mejor dicho: respira lenta y profundamente. Este consejo tiene una parte muy concreta. Tu mente se queda en blanco por falta de oxígeno y de suministro de sangre en el cerebro. Esta falta se produce por culpa de la reacción ante el estrés inducida por la adrenalina explicada con anterioridad. La adrenalina nos hace hiperventilar, la respiración se vuelve rápida y superficial. En esas circunstancias el aire solo llega hasta la zona superior del pecho, a no ser que le pongas remedio. Esto y el cóctel de la hormona del estrés que se ha servido provocan un efecto grave: no hay oxígeno y pierdes el hilo.

Así pues, lo mejor que puedes hacer si te quedas en blanco es volver a respirar profundamente. Respirar a conciencia y lentamente para que el aire llegue hasta el estómago (o para ser exactos, en la zona situada justo por debajo de las costillas) tiene dos ventajas: primero, que tu voz sonará más fuerte y, en segundo lugar, estarás más tranquilo y más relajado, lo cual implicará que liberarás la tensión y tus pensamientos fluirán con mayor regularidad. Todas las técnicas de meditación del mundo emplean la respiración como mecanismo para centrarse.

Lo mejor de todo es que respires lenta y profundamente antes de salir a pronunciar tu discurso. Busca un rincón tranquilo, aunque sea el lavabo. Respira lenta y profundamente. Así generarás energía y te presentarás ante el público con más calma interior (fortaleza 5), y darás impresión de confianza.

El cuerpo y la mente se influyen entre sí. Puedes recurrir a mensajes mentales para producir un cambio físico (relajación, por ejemplo, como en la estrategia antiansiedad número 2). Lo contrario también es cierto: respirar apacigua la mente. También puedes emplear el cuerpo para moderar el temor «comportándote como si lo estuvieras haciendo». Adopta una postura que sugiera que eres un orador seguro de sí mismo. Junta los pies en el suelo, distribuye el peso de forma equilibrada y mantente recto. Estira la columna y mantén la cabeza en alto. Una postura de autoconfianza obra maravillas en tu cerebro. «Cree» en esta confianza porque el cuerpo la genera. Pruébalo, aunque te parezca extraño. Recuerda que tiene un efecto secundario maravilloso: tu público también te verá como una persona segura porque darás esa imagen.

Da bastante igual si te sonrojas un poco. Las personas

que se sonrojan y revelan cierto azoramiento resultan atractivas, tal como ha demostrado el psicólogo Dacher Keltner. La persona que se sonroja revela que se preocupa por los seres humanos que le acompañan, que la comunicación le importa de verdad.

Obstáculo 2: Demasiada atención al detalle

El exceso de detalle en una conferencia suele estar relacionado con el miedo (obstáculo 1). El ponente intenta buscar la seguridad en los puntos menores que conoce bien y considera fiables. Así pues, Manuel, cuando se despida de su colega, tiene la tentación de limitarse a los detalles de su carrera y tratarlos de la forma más concienzuda posible. Eso sería correcto desde un punto de vista objetivo y aguantaría el escrutinio, pero mataría de aburrimiento al público y sus palabras caerían enseguida en el olvido.

Los efectos de dar demasiados detalles se producen con frecuencia en conferencias científicas y/o especializadas. A algunos de mis clientes y participantes en seminarios les gusta incluir el máximo de resultados y detalles experimentales posible en sus conferencias (y diapositivas). Sin duda apoyan sus resultados pero es fácil perder al público al hacerlo, porque no puede seguir el hilo. Pero ¿de qué sirve ni siquiera el mejor hilo si está bien claro en la mente del ponente, pero no ayuda a que el público le siga? Los tres consejos siguientes te permitirán encontrar el equilibrio adecuado entre la importancia de ser preciso y no perder de vista lo que realmente importa.

Precisión y el tema al completo: aquí sabrás cómo comunicarlos

1. Sigue tu estructura cuando des la conferencia.
   Es un punto muy sencillo: ¡evita las digresiones!
2. Ten presente el punto clave.
   Pregúntate cuando revises el tema a tratar, los ejemplos, los detalles y las historias: ¿esta información me ayuda a comunicar mis puntos clave? Los siguientes enfoques están permitidos: ir hacia el punto clave, ilustrar el punto clave y las conclusiones extraídas del punto clave. (Véase el segundo criterio de éxito tratado anteriormente en este capítulo.)
3. Lleva más material del que quieres mostrar.
   Los científicos y los administradores profesionales en especial suelen plantearse si han incluido suficientes cifras, datos y hechos en su presentación. No temas llevar gran cantidad de información contigo, en resúmenes específicos o en una diapositiva extra. Si alguien de entre el público desea información más detallada tras la conferencia, estarás preparado, sin recargar la presentación en sí para tus oyentes.

Obstáculo 5: Huida

No cumplir los plazos

Cuando las personas reservadas están estresadas, muchas tienen la tentación de huir de todo. Intentan ignorar el plazo antes de una aparición pública y, por lo tanto, posponen el trabajo preparatorio hasta que ya no lo pueden evitar más.

Esto significa que la presión del tiempo se añade al estrés de dar una conferencia: no es una buena situación.

Divide el trabajo previo en distintas etapas

La medida contraria es fácil. En cuanto tengas la fecha del discurso, planifica el trabajo previo dividiéndolo en fases cortas y estipulando una fecha para cada una de ellas. Las fases cortas parecen menos amenazadoras y son más fáciles de gestionar, propician buenos resultados y también te ayudarán a sentirte más seguro. Limítate a poner en práctica las medidas sugeridas en el apartado «Oportunidad y protección: ¡la fase de preparación!» anterior para ayudarte a preparar el discurso fase por fase. Si estás ya en la conferencia, el deseo de huir se manifiesta cuando la persona reservada se retira completamente a su texto y, por consiguiente, pasa por alto el contacto con el público y las necesidades de este.

La tentación resulta prácticamente irresistible si llevas el discurso escrito y te lo pones delante: el contacto visual verdadero es casi imposible, al igual que un discurso animado y las expresiones que siguen las estructuras sencillas del lenguaje oral (y no del lenguaje escrito, que fácilmente puede apoderarse del papel a no ser que seas un profesional de la redacción de discursos).

Solo títulos

Puedes evitar este tipo de huida con una estrategia que te obligue a reducir el material: escribe solo títulos, no un texto redactado en su totalidad. Aquí el objetivo no radica en la perfección. El lenguaje hablado siempre incluye pequeños errores en la elección de palabras, pronunciación o construcción de frases. Pero no buscamos una expresión impecable sino contacto. Los pequeños errores que se deslizan en nuestro lenguaje hablado serán corregidos de forma casi automática en la mente de los oyentes. No obstante, si no estableces ningún contacto, en esas mentes habrá poca cosa que tenga que ver con tu ponencia. Lo único que habrá será listas de la compra o planes para las vacaciones…

¿Has identificado cuáles son tus obstáculos personales cuando te diriges a un público? ¿Has tenido la posibilidad de hacer un inventario personal? ¿Dónde se sitúan tus riesgos y qué puedes hacer en concreto para abordarlos?

> **? Plantéate:**
>
> ¿Cuál de los típicos obstáculos de los introvertidos pueden suponerte un problema en el contexto de una conferencia? Ponles títulos para identificar qué riesgos ves y qué puedes hacer al respecto.
>
> **Obstáculo 1: Miedo**
> Riesgo: _____ Qué puedo hacer al respecto: _____
> _____ _____
>
> **Obstáculo 2: Demasiada atención al detalle**
> Riesgo: _____ Qué puedo hacer al respecto: _____
> _____ _____
>
> **Obstáculo 3: Exceso de estimulación**
> Riesgo: _____ Qué puedo hacer al respecto: _____
> _____ _____

Obstáculo 4: Pasividad
Riesgo: _____   Qué puedo hacer al respecto: _____
_____   _____

Obstáculo 5: Evasión/Letargo
Riesgo: _____   Qué puedo hacer al respecto: _____
_____   _____

Obstáculo 6: Ser excesivamente cerebral
Riesgo: _____   Qué puedo hacer al respecto: _____
_____   _____

Obstáculo 7: Autoengaño
Riesgo: _____   Qué puedo hacer al respecto: _____
_____   _____

Obstáculo 8: Fijación
Riesgo: _____   Qué puedo hacer al respecto: _____
_____   _____

Obstáculo 9: Evitar el contacto
Riesgo: _____   Qué puedo hacer al respecto: _____
_____   _____

Obstáculo 10: Evitar el conflicto
Riesgo: _____   Qué puedo hacer al respecto: _____
_____   _____

El discurso de despedida de Manuel es todo un éxito. Sus colegas y empleados lo contemplan como una personalidad directiva que se preocupa por y piensa en la gente. Y Stuart, que es el protagonista del discurso, se emociona y se siente orgulloso cuando la ovación, que también es para él, resuena en la sala.

Hablando de ovaciones: nunca las evites. Los aplausos son la forma que el público tiene de decirte «Gracias», así pues quédate ahí de pie y acéptalos.

 Resumen de los puntos clave

- A las personas reservadas les resulta especialmente difícil hablar en público. Pero puedes aprender a dar conferencias y cuantas más des, más fácil te resultará.
- Una conferencia tiene éxito si revela la personalidad del orador, si es capaz de transmitir el mensaje con claridad y si consigue que él y el tema a tratar sintonicen con el público.
- La buena preparación, basada en los criterios de éxito y en una estructura clara, reduce mucho el estrés de una aparición pública.
- Un estilo de conferencia verdaderamente «reservado» se construye a base de fortalezas personales y evita los riesgos asociados con los obstáculos concretos. La primera fase es identificar estas fortalezas y obstáculos personales.
- Las fortalezas típicas que muestran las personas reservadas cuando aparecen en público son sustancia, concentración y empatía.
- Los obstáculos que se encuentran con frecuencia son la ansiedad, demasiada atención al detalle y el deseo de huir.

9

Las reglas de la manada: cómo hablar en una reunión

El ordenador de Paul es su herramienta de trabajo preferida y la más importante. Es consultor de gestión de TIC y disfruta gracias a su capacidad para dominar los riesgos que acechan en los cambios de sistema y en los nuevos paquetes de *software*. Hasta el momento siempre había ido acompañado de un consultor sénior a las reuniones con los clientes y casi siempre estaba en contacto con los expertos de TIC en la empresa correspondiente. Pero esta semana su consultor sénior está enfermo. Le ha pedido a Paul que mantenga una reunión con un cliente importante que no es posible aplazar porque tratará sobre una redistribución urgente de funciones en un proyecto de la empresa, y ha costado mucho reunir a todos los implicados alrededor de una mesa, incluido el director ejecutivo, el personal encargado del presupuesto y varios directivos y trabajadores del departamento de TIC.

A Paul le aterra esta reunión. ¿Cómo se supone que va a conseguir un acuerdo en una sala llena de gente que no va a parar de hablar? Preferiría encerrarse en el departamento de TIC y hacer lo que mejor se le da: planificar el flujo de trabajo técnico y transmitir las decisiones a otras personas. Diane del mismo departamento de TIC de la empresa del cliente está igual de aterrada. También asistirá a la reunión. Diane sabe que para su ámbito de responsabilidad necesita un aumento del presupuesto y por lo menos una persona más para que las nuevas disposiciones funcionen. Pero ¿cómo hacerlo en la sesión plenaria planeada? Para colmo de males, su superior también estará presente.

Las reuniones pueden resultar excesivamente estimulantes

Las reuniones y las discusiones en grupo suelen resultar estresantes para personas reservadas como Paul y Diane, sobre todo cuando abundan los participantes a los que gusta hablar mucho en tales situaciones. Las personas introvertidas tienden a reaccionar así: se sienten estimuladas en exceso (obstáculo 3), se ensimisman y llegan a la conclusión de que buena parte de lo que se dice son palabras vanas. Muchas personas reservadas piensan que no se les presta atención suficiente en estas grandes reuniones: una clienta me dijo en una ocasión: «A menudo me siento totalmente invisible en foros como estos, pero la semana pasada me pareció el colmo cuando me armé de valor y sugerí una cosa que realmente importaba. Nadie prestó atención a lo que dije pero, cuando un colega propuso prácticamente lo mismo al cabo de un rato, a todo el mundo le pareció de repente una gran idea. ¡Pensé que me había equivocado de película!»

Los logros permanecen invisibles

Las discusiones que no producen el resultado esperado no son más que una de las desventajas que experimentan las personas introvertidas. Las personas introvertidas que se quedan calladas cuando están en grupo no comunican sus logros ni ideas de la forma adecuada. A veces la situación es incluso peor y otra persona se apropia de sus propuestas, como en el caso de la clienta arriba mencionada, y obtiene una respuesta muy favorable. Además, la impresión que pueden tener sus superiores es que la persona reservada que es tan retraída en las discusiones no resulta positiva para el equipo, lo cual puede suponer un verdadero riesgo a nivel profesional.

Así pues, en tanto que persona reservada, ¿cómo puedes captar la atención y hacer que se note tu presencia en este ambiente que parece un hervidero? Y ¿cómo conseguirlo con un gasto razonable de energía? Este capítulo versará sobre estas tres cuestiones.

Sesiones plenarias: Seis reglas y seis implicaciones para los introvertidos

En esta sección vamos a analizar las reglas que gobiernan las discusiones de todo tipo. Cuanto más sepas al respecto, en mejor situación estarás de negociar para conseguir lo que importa en las reuniones: resultar visible, seguro y convincente. Y lo que se dice acerca de estas reglas es seguramente incluso más importante: encontrarás las fortalezas típicas de los introvertidos en las reuniones (y cómo ponerlas en práctica), así como los obstáculos habituales (y cómo limitar sus consecuencias).

Regla 1 para las reuniones: Solo las personas que hablan resultan visibles

Si quieres dar la impresión de tener una actitud competente y constructiva en las reuniones, tienes que hacer alguna aportación. Eso no significa que tengas que estar hablando todo el rato, pero procura decir algo en cada reunión. Conozco a personas introvertidas que hablan bajo a las que todo el mundo escucha cuando hablan debido a la calidad de lo que exponen.

La fortaleza 2, sustancia, junto con otros factores de los que vamos a hablar, ayudan en estas circunstancias. Lo cierto es que lo que los introvertidos dicen en público suele tener impacto porque se lo han pensado a conciencia antes de hablar. Las personas introvertidas no suelen andarse por las ramas ni darse autobombo porque les interesa más el asunto a tratar que ellos mismos. El grupo se beneficia de ello cuando necesita formarse una opinión o tomar una decisión (o dejar que otras personas metan baza). La sustancia, junto con otras fortalezas, hace que las aportaciones de los introvertidos resulten especialmente valiosas. ¡Aprovéchate de ello!

El obstáculo número 1, el miedo, puede impedir que se consiga la visibilidad deseada. Decir algo en una reunión es también una aparición pública, tema que se trató en el capítulo 8. Por eso es cierto allí y aquí: el miedo es un obstáculo. Sigue los consejos dados con anterioridad para lidiar con el miedo.

Las reuniones en las que hay que desarrollar ideas nuevas suponen un obstáculo especialmente difícil. Las mayores amenazas son el exceso de estímulos y la pasividad (obstáculos 3 y 4). Si quieres participar de forma activa en una sesión de lluvia de ideas, emplea la fortaleza 9, escribir (especialmente a partir de la fase de preparación). Coge un trozo de papel y crea tu lluvia de ideas particular. Enseguida verás cómo te resulta más fácil hacer una aportación a esas reuniones que tienen un ritmo rápido.

Regla número 2 para las reuniones: La capacidad de concentración tiende a ser limitada

Comunica tu punto clave

Hablar es una cosa pero, a decir verdad, solo puedes tener éxito si los demás te escuchan. Aquí la cuestión más delicada con respecto al tema a tratar para las personas introvertidas es la tendencia a prestar excesiva atención al detalle (obstáculo 2): las personas introvertidas tienden a perderse en una maraña de detalles y transformar un hilo claro en un entramado inextricable de detalles.

Así pues, procura no enfrascarte en excesivos detalles cuando hagas tus aportaciones. Eso hará perder la paciencia especialmente a los extrovertidos y provocará una pérdida de atención. Si respondes a una pregunta con profusión de detalles, es fácil que frustres la reunión y pierdas la atención de todos. Así pues, antes de hacer tu aportación, piensa igual que si fuese antes de pronunciar un discurso: ¿cuál es mi punto clave? Y presta atención a la forma como lo dices: emplea frases cortas y de estructura simple.

Haz que tu intervención sea escuchada

La atención también depende del *tono de voz*: hasta el tema más interesante del mundo resultará soporífero para el público si se presenta como si fuera una oración fúnebre. Una voz baja y débil, la falta de pausas o un discurso demasiado rápido también perjudican las intervenciones, por interesante que sea el tema visto de forma objetiva. Presta atención al énfasis en tu discurso: cada frase tiene palabras clave con relación al tema en cuestión, y deberías enfatizarlas del modo apropiado. También deberías bajar el tono al final de la frase. Así las frases se definen como unidades de significado y reciben el énfasis necesario. Habla lo bastante alto para que todo el mundo te oiga y haz que un colega amable te haga algún comentario sobre la velocidad del discurso cuando estés interviniendo: no deberías hablar de forma nerviosa ni tan despacio que el público se duerma.

Contacto visual con el público

Otro recurso del lenguaje corporal para captar la atención es el contacto visual. Intenta establecer contacto visual sobre todo con quienes toman las decisiones en la sala: son las personas a quienes tienes que ganarte y convencer. Las personas introvertidas suelen sentirse seguras y mucho más cómodas cuando hablan con una sola persona que cuando se dirigen a un grupo. Aprovéchate de ello: mira a tus colegas uno por uno cuando estés haciendo tu aportación en una reunión, como si estuvieras hablando con esa sola persona durante un momento. El contacto visual con una sola persona no solo te aporta seguridad, sino que te hace más contundente, más presente y, por consiguiente, más convincente. Serás el centro de atención, y será mucho menos probable que un colega se apropie de tu idea con posterioridad.

Regla número 3 para las reuniones: Ninguna decisión sin aclarar el estatus

El tiempo durante el que se habla depende del estatus

No por ser frustrante es menor cierto que para las personas que no son tan conscientes del estatus (es decir, para muchas personas introvertidas, sobre todo mujeres) no es posible mantener una discusión significativa hasta que los participantes aclaren la jerarquía. El libro de Marion Knaths *Spiele mit der Macht* (*Juegos de poder*) muestra cómo se presenta esta aclaración cuando un grupo se reúne por primera vez. La autora afirma con toda tranquilidad que la jerarquía es más importante que el tema a tratar. El tiempo destinado a hablar también depende del estatus. Si ocupas un cargo elevado, puedes hablar más rato y también desviarte del tema. Si tienes un estatus bajo, tendrás que ser breve, es probable que te interrumpan y tus intervenciones no recibirán una respuesta tan sustancial.

Procura disponer de tiempo suficiente para hablar

A las personas introvertidas que tienden a evitar el contacto (obstáculo 9) también les gusta evitar a quienes les ponen nerviosas. Es muy probable que los mismos colegas que tienden a reñir por el estatus encajen a la perfección en esta categoría. Debes combatirlos pero fijando tú las condiciones. Así pues, procura tener suficiente tiempo para hablar, por lo menos tanto como tus colegas que ocupan un cargo equivalente. Pero si prefieres ser breve en vez de hablar largo y tendido, entonces habla con mayor frecuencia para compensar. Mientras hablas, ten en cuenta que la persona de mayor rango es la más importante y es a quien tienes que convencer. Reconocerás a tal persona porque todo el mundo la mira para cerciorarse de que escucha y ver su reacción ante las distintas aportaciones. Probablemente nadie te interrumpa si la persona de mayor rango te está escuchando.

Postura de confianza en uno mismo

Muestra la confianza en ti mismo mediante la postura y dirígete a los demás. Para ello debes ocupar el espacio con seguridad sin perder el respeto. Emplea toda la superficie de la silla para sentarte, pero sin repantigarte o sacar los codos. Siéntate derecho y muéstrate abierto. Evita hacer gestos de desdén como inclinar la cabeza hacia un lado o apartar la mirada en situaciones desagradables. Asegúrate de que tus movimientos están definidos, es decir que tienen comienzo y fin: nada de mecerse, ni de juguetear con objetos. Lo mismo puede decirse acerca de la voz: el tono puede ser bajo (fortaleza 5) siempre y cuando transmita determinación y tu intervención sea lo bastante enérgica hasta el final. Respira hondo (véase capítulo 8). No permitas que tu voz o tus movimientos denoten intranquilidad. La inquietud reduce tu estatus. En general, los mensajes que envías deberían transmitir una cosa: sabes exactamente lo que estás haciendo (además de ser educado, amable y cooperativo).

Si no tienes ningunas ganas de pelear por tener la oportunidad de hablar en una sesión plenaria, utiliza los consejos que te damos en la regla número 5 para las reuniones y ayuda a preparar las decisiones de forma estratégica por adelantado. Las «*éminences grises*» (personas que toman decisiones que operan entre bastidores) también ocupan cargos de categoría...

Regla número 4 para las reuniones: ¡Es justo, a veces!

Cuando los intereses objetivos se abandonan

En un mundo ideal, todos los presentes respetan las normas, ¡incluso en las reuniones! Pero como seguro que bien sabes, la vida real funciona de otro modo. Por supuesto que existe la justicia y el intercambio de opiniones con una mentalidad abierta. Pero no siempre. A mucha gente que asiste a reuniones le parece que vale la pena ir contra las normas e interrumpir o incluso atacar si tal comportamiento no recibe sanción y aumenta las posibilidades de hacer avances individuales (visibilidad, competir por el estatus). El comportamiento injusto resulta especialmente estresante para las personas reservadas y también puede costarles un precio elevado con respecto al estatus y la eficacia si no abordan tales situaciones con suma seguridad, sobre todo por evitar un conflicto (obstáculo 10), que es uno de sus puntos de presión personales.

Aquí tienes un «plan de emergencia» para actuar con rapidez si surge la necesidad: los cinco incumplimientos de reglas más frecuentes en las discusiones y las formas más eficientes de lidiar con ellos.

Consejos para cuando se incumplen las reglas

Incumplimiento de reglas	Qué hacer
1. Un participante te interrumpe cuando hablas	1. La mejor estrategia si te interrumpen personas que ocupan un cargo igual o inferior al tuyo es que no des el brazo a torcer (fortaleza 8: perseverancia) ¡y sigas hablando! Deja caer la siguiente frase con voz alta y clara: «Déjame llegar a la conclusión...» 2. Si la persona que te interrumpe tiene un cargo superior al tuyo, quizá sea preferible dejar que te interrumpa (si es tu jefe, por ejemplo) y mantener la conversación mientras habla mediante el contacto visual o asintiendo. Y, si es posible, responde directamente al comentario que haya hecho.
2. Un colega comenta tu frase: «Lo que Jill intenta decir es que...»	1. Se trata de una lucha clara por el estatus: el colega intenta dejar claro que tiene derecho a interpretar lo que Jill ha dicho. 2. Si eres Jill: nunca dejes de comentar una interrupción como esta. Expresión sugerida: «Gracias por tu ayuda, Rob. Lo que reviste especial importancia aquí es...»
3. Un colega intenta congelar tu idea dejándola en suspenso: un grupo de trabajo debería examinarla con más detalle, hay que esperar a la decisión de planificación de presupuesto, hay que recabar más información antes...	1. El riesgo es que la idea pierda ímpetu como consecuencia del retraso y se desvanezca... aunque parece que el colega muestra su apoyo. 2. Muéstrate de acuerdo con tu colega en la sesión plenaria diciendo que hay mucho que pensar acerca de esa innovación. Añade entonces que tú y tu equipo ya os habéis hecho estos planteamientos previos. Algo como: «Cierto, tenemos que analizar varios factores con más detalle antes de subcontratar esta parte del proyecto. Y es precisamente lo que hemos hecho en las últimas semanas. Los resultados son totalmente positivos. Hoy hemos tomado una decisión, solo podremos acabar el proyecto a tiempo si lo subcontratamos en el momento adecuado. De lo contrario, ¡será muy caro! ¿Alguna pregunta más acerca de nuestra investigación?»

4. Un colega te da una puñalada trapera y critica un acuerdo previo.	1. No tienes ninguna posibilidad de discutir con él en la sesión plenaria si fue un acuerdo informal. Pero habla con el colega en cuanto acabe la reunión y averigua qué le hizo cambiar de postura (o incluso solo la estrategia). 2. Pero si se trata de un acuerdo oficial, deberías dejarlo claro: «Me sorprende que digas esto, en la última reunión del departamento acordamos que... ¿Cómo encaja esto?»
5. Un colega te ataca de forma injusta en la sesión plenaria: «¡Pero si estas cifras no tienen sentido!»	1. Respira hondo: se trata obviamente de una lucha de poder que tu atacante espera ganar. 2. La respuesta ideal necesita hechos: «¿A qué cifras te refieres exactamente?» 3. Si no se te ocurre una respuesta adecuada, deja claro en la sesión plenaria que no vas a pasarlo por alto. Podrías decir: «Tengo otro asunto del que ocuparme de inmediato en otro sitio.»

Regla número 5 para reuniones: Los aliados ayudan a garantizar el resultado

Antes de la reunión ocurren cosas importantes

En las reuniones suelen estar implicadas varias personas y ámbitos de trabajo. Lo que he aprendido en el trabajo de comité es que si hay que tomar una decisión inminente, en la mayoría de los casos está acordada antes de la reunión. Es decir, la gente que se verá afectada por la decisión forma alianzas, sobre todo con otros creadores de opinión, pero también con otros participantes. Así se aseguran que su candidato tendrá una mayoría en las elecciones venideras, que habrán acordado por adelantado cómo se distribuirán los recursos o llevarán las resoluciones hacia una dirección en concreto.

Habla de antemano con quienes toman las decisiones

Tomemos a Paul, el ejemplo del principio. Le aconsejé que hablara personalmente con las personas que iban a tomar la decisión de la redistribución de tareas del proyecto. El objetivo es filtrar los distintos intereses y preparar una decisión que resulte aceptable para todos y, a poder ser, ventajosa. Paul es una persona reservada por lo que prefiere conversaciones individuales en vez de en grupo, así que no le costó hacerlo. Fue cuidadoso y abordó el tema con la prudencia adecuada (fortaleza 1). También fue capaz de escuchar bien (fortaleza 4) a las personas implicadas y ponerse en su lugar, por lo que no solo pensaba en sus intereses y en nada más (fortaleza 10). Paul consiguió llegar a un buen compromiso de acuerdo con estas bases y también se lo insinuó al gerente antes de la reunión. Así pues, el gerente se sintió bien informado y supo dónde estaba, ¡detalle importante en el juego del estatus!

Las ventajas de forjar alianzas resultan obvias: la reunión es predecible en los puntos más importantes y estás en contacto con información y creadores de opinión, con los que habrías tenido mucho menos tiempo actuando de otro modo. Y, por último pero no por ello menos importante, reduces la posibilidad de que un participante te dé una puñalada trapera en la sesión plenaria. Así pues, conseguirás dos ventajas importantes para la reunión: la certeza y la predictibilidad.

Regla número 6 para las reuniones: Lo que se ha decidido es una cosa y ponerlo en práctica es otra

Cuando surgen contratiempos a la hora de poner las cosas en práctica

La segunda conclusión a la que he llegado después de todas las reuniones de junta y directivas a las que he asistido es que no siempre se pone en práctica lo que se ha discutido y acordado. Pero lo que se decide justo después de la reunión es lo que vale realmente y ¿qué ocurre a continuación?

Pues que no siempre es lo mismo. Después de unas elecciones, poca cosa se puede hacer acerca de la persona elegida. Pero las propuestas que salen de la sala de reuniones como decisiones resultan mucho menos definitivas. Existen muchos motivos para ello, que van desde la indiferencia a la negligencia hasta el sabotaje inteligente o las decisiones contradictorias de los superiores que no asistieron a la reunión y que cambian lo que les conviene si no están de acuerdo con el resultado.

Las personas reservadas que tienen tendencia a evitar el contacto y el conflicto (obstáculos 9 y 10) suelen caer en la tentación de refugiarse en la esperanza y dar por sentado que las resoluciones se pondrán en práctica, por lo que a veces se llevan sorpresas desagradables. Así pues, hay un elemento que reviste especial importancia: ¿qué puedes hacer para que las decisiones que consideras importantes lleguen a materializarse?

Deja constancia de las resoluciones por escrito

La perseverancia (fortaleza 8) es tu mejor baza. Si hay algo que realmente te importa, deberías mantenerte firme y seguir hablando con los colegas que tienen la responsabilidad de ponerlo en práctica. ¿Todo va de acuerdo con los planes? ¿Hay algún obstáculo? Además, para que una decisión sea definitiva también puedes asegurarte de que conste por escrito: lo que queda escrito es más estable y fácil de comprobar y resulta de ayuda si la gente empieza a decir cosas como: «¡Nunca dijimos eso!» Puedes recurrir a distintos medios: copias de una pizarra interactiva, un mensaje de correo electrónico a todos los participantes o las actas de toda la vida. Lo importante es el contenido. Siempre debería contener la respuesta a la famosa pregunta tripartita: quién hace qué y para cuándo.

No siempre es posible evitar intervenciones y cambios por parte de los superiores. Pero se pueden eludir hasta cierto punto con una política informativa bien dirigida, véase regla número 5 para las reuniones.

? Tres preguntas para ti

¿Qué te resulta especialmente difícil de las reuniones?
_____
_____
_____

¿Cuáles son las consecuencias de ello?
_____

¿Qué quieres hacer de un modo distinto en el futuro?

Dirigir una reunión: reuniones para estudiantes avanzados

A Paul le ha tocado dirigir una reunión. Esta sección trata sobre cómo abordar esta tarea de forma satisfactoria, con las fortalezas sosegadas de una figura directiva reservada.

Planificar el tiempo

Si estás en situación de establecer la hora y la fecha, procura que sean convenientes: ni demasiado temprano ni demasiado tarde, tampoco hay que proponer demasiadas reuniones el mismo día.

Deja tiempo suficiente para realizar consultas entre las distintas reuniones y para la puesta en práctica inicial de las decisiones acordadas.

Planificar el contenido

Cuanto mejor prepares una reunión, más eficaz resultará. Aquí tienes una lista de comprobación para repasar cuando planifiques una reunión.

Lista de comprobación para preparar una reunión

1. Tiempo: ¿cuándo se celebrará la reunión? ¿Cuánto tiempo debería durar?
2. Lugar: ¿dónde se celebrará la reunión?
3. ¿Cuáles son los objetivos de la reunión?
4. ¿Qué constará en el orden del día?
5. ¿En qué orden deberían tratarse los puntos?
6. ¿Cuánto tiempo debería destinarse a cada punto?
7. ¿Qué temas deberían omitirse si falta tiempo?
8. ¿A quién se convocará a la reunión? ¿Quién participará en un punto específico del orden del día? (Lista de participantes.)
9. ¿Quién es la persona responsable/la que guiará qué puntos del orden del día?
10. ¿De quién esperas recibir documentos para la reunión? ¿Cuándo deberías solicitarlos y cuál debería ser el plazo máximo de entrega?
11. ¿Cómo deberían registrarse los resultados? ¿Quién debería hacerlo?
12. ¿Qué medios se necesitan?
13. ¿Quién reparte invitaciones a la reunión y qué información incluyen (orden del día)?
14. ¿Quién recopilará los documentos y comprobará que están todos ahí? ¿Quién se encargará de enviarlos por adelantado (si es necesario)?
15. ¿Quién se encargará de los preparativos generales (reserva de habitaciones, distribución de asientos, medios de comunicación, acreditaciones, tentempiés, bebidas)?

Implementación

La discusión en sí es el mayor obstáculo. Pero puedes abordarla de forma analítica (fortaleza 6) e ir trabajando las fases siguientes para presidir la reunión.

 Fases de la discusión

1. Fase introductoria: da la bienvenida a los participantes, presenta el orden del día, asegúrate de que la gente sabe qué esperar (duración de la reunión, ponderación del asunto, participantes especiales...).
2. Secuencia en tres fases: (N.B.: estas fases se aplican a cada punto del orden del día por separado.)
    - fase de información: introducción del tema por tu parte o por parte de otras personas
    - fase de trabajo: tratamiento de los temas, intercambio de preguntas, información y argumentos
    - fase de resultados: resumen, coordinación, planificación de acciones futuras, distribución de tareas y responsabilidades (quién hace qué y para cuándo) o: aplazar decisiones y planificar acciones futuras.
3. Fase final: dar las gracias a todos los presentes, resaltar los resultados positivos. Luego discusión de fecha(s) subsiguiente(s) y una breve despedida.

Probablemente el mayor obstáculo sea controlar el proceso. Si surgen polémicas, desviaciones y distracciones es muy difícil encontrar la manera de reconducir la reunión en la dirección deseada. En un caso así, Paul decide respirar hondo, mantener la calma (fortaleza 5) y redirigir la reunión al punto apropiado del orden del día con una tenacidad sosegada, señalando la hora que es, si resulta apropiado.

Equilibrio
Presta especial atención a las personas introvertidas de la reunión. Pueden tardar más en participar y a menudo hablan en voz más baja que los participantes extrovertidos. Asegúrate de que las personas reservadas tienen la oportunidad de expresarse, lo cual no es solo para ser justos: ahora ya eres consciente de que las personas introvertidas son pensativas y consideradas, es decir que optan por la seguridad. Esto significa que introducirán factores importantes en la discusión en los que sus colegas extrovertidos no han pensado. Como dirigente de la discusión y persona reservada estás en la situación ideal para asegurarte de que los introvertidos hacen oír su voz y que sus aportaciones reciben la atención adecuada.

El caso especial de la lluvia de ideas
La lluvia de ideas se utiliza en las reuniones para que salgan el máximo de ideas posibles: por ejemplo, formas de solucionar un problema o de desarrollar una visión.

Las ideas se lanzan sin orden ni concierto, se recopilan y no se evalúan ni debaten hasta la fase siguiente. La lluvia de ideas es una forma maravillosa de comunicación para los extrovertidos. Apresurarse a soltar ideas de forma espontánea en un contexto social... ¡qué divertido para las personas que desarrollan sus ideas a medida que hablan!

Sin embargo, a los introvertidos no les gusta tanto. Prefieren pensar tranquilamente antes de compartir sus ideas, y hacerlo en solitario. Para cuando los participantes reservados han desarrollado las ideas que consideran viables, la sesión ya ha pasado a la siguiente fase, cuando los extrovertidos comparan y evalúan las ideas que se han expresado hasta el momento. Así pues, las ideas de los introvertidos se pierden y, con ellas, el 50 por ciento del potencial del grupo. El libro de Susan Cain hace referencia a estudios recientes diciendo que los grupos numerosos suelen ser menos productivos que los más reducidos o que los individuos que desarrollan ideas nuevas en solitario (Cain, 2011). La gran excepción a este resumen formal es la lluvia de ideas en línea siguiendo directrices claras.

Lluvia de ideas en línea o en papel

En principio, este sistema permite sustituir otras maneras de producir ideas a menor escala sin dificultad, sin que el resultado se resienta. O puedes realizar la lluvia de ideas en línea. Pero si en tu empresa u organización las cosas se piensan durante una sesión plenaria, hay una forma fácil de hacer que una sesión de lluvia de ideas resulte accesible y lo más provechosa posible: basta con pedir a todos los asistentes que dediquen unos minutos a *escribir* sus primeras ideas (fortaleza 9). Esta opción da una oportunidad a los introvertidos para pensar a solas y expresarse en su medio preferido. Las ideas no se debatirán hasta la siguiente fase, cuando se mostrarán a todos los presentes en una pantalla interactiva, *flip chart* o tablero.

Lidiar con situaciones y participantes difíciles en las discusiones

Los resúmenes de las secciones anteriores te darán una sensación de seguridad cuando dirijas una discusión. Sin embargo, también podrías encontrarte con situaciones que son estresantes para todos, no solo para los líderes reservados. Así pues, mejor que estés preparado para las situaciones molestas o difíciles. Los resúmenes siguientes contienen los factores de estrés que pueden aparecer en una reunión, junto con las estrategias adecuadas para ayudarte, como líder (reservado) de una discusión, a enfrentarte a ellas.

 Situaciones difíciles en una discusión

1. **Nada que hacer**: Nadie dice nada.
   Estrategias: Asegúrate de que todo el mundo sabe dónde está: resume brevemente lo que se ha logrado hasta el momento. Identifica toda cuestión que siga pendiente de resolver. Formula tus propias preguntas para guiar a la gente en la dirección correcta.

2. **Diferencias de opinión** entre por lo menos dos participantes.
   Estrategias: si la discrepancia es sobre algo en concreto, identifica los distintos puntos de vista con actitud neutral. Recaba la opinión de la sesión plenaria si lo consideras apropiado. Si la situación se vuelve demasiado tensa y las olas de emoción rompen lo bastante alto, apacigua los ánimos de la

reunión proponiendo una pequeña pausa para que las partes en desacuerdo resuelvan la situación sin público, y así la sesión plenaria podrá reanudarse.

3. **Reproches**: Los participantes critican tu enfoque

    Un ejemplo de la reunión de Paul: «¡Pero dijiste que nos enviarías el plan presupuestario del proyecto antes de esta reunión!»

    Estrategias: Si la crítica está justificada, usa tu empatía (fortaleza 10) para comprender el punto de vista de la otra persona. Luego di lo que tienes intención de hacer al respecto, en términos concretos.

    Ejemplo de respuesta para Paul: «Todavía no contamos con todos los datos. Veo que necesitas las cifras para hacer la planificación. He hecho las gestiones necesarias para que los datos estén disponibles mañana...»

    Si la crítica no está justificada, sigue los consejos de los puntos 4 y 5.

4. **Provocación**: Aquí la cuestión no es el asunto a tratar sino que alguien intente hacerte perder la compostura para ponerte a prueba. Este comportamiento podría estar motivado por el estatus, por ejemplo, por una cuestión de límites o por desagrado.

    Un ejemplo en la reunión de Paul: un jefe de departamento dice: «La verdad es que todo este trabajo sobre el proyecto de tu lista ni siquiera existe.»

    Estrategias: Evita una pelea en la sesión plenaria. Resultaría estresante y las consecuencias inciertas. En cambio, lleva la respuesta hacia el tema en cuestión. Para ello, pronuncia una frase que sirva de puente para distanciarte de la provocación que intenta la persona y retoma el asunto a tratar. Posible respuesta para Paul: «Parece mucho. Y la verdad es que es mu-

cho... el hecho de trabajar en cuatro partes del proyecto a la vez hace que la lista sea muy larga.»
5. **Un ataque** de un participante contra otro, o contra ti. Lo típico de un ataque es un tono de voz decisivo, un juicio contundente y poco contenido con respecto al asunto a tratar. Un ejemplo de la reunión de Paul: «Eso tampoco funciona.»
Estrategias: Respira hondo... tu actitud relajada vale su peso en oro en una situación como esa. Incluso más que en el ejemplo de la provocación, el atacante quiere demostrar que es más fuerte y que tú eres más débil, por lo que es una cuestión de estatus. Si te mantienes tranquilo y seguro, el plan del atacante no funcionará. Además, reta al atacante a volver al tema en cuestión. Aquí tienes unos ejemplos que podrían ayudar a Paul:
- «Veo que te muestras escéptico. ¿Qué te hace tener esta opinión?»
- «Veo que te muestras escéptico. ¿Qué sugieres?»
- «¿Qué quieres decir con eso?» Para ganar tiempo y como solución de emergencia, esta última opción (si no se te ocurre nada más) es una buena frase que sirve para todo.

Echemos un vistazo al grupo de participantes: ¿cómo lidias con los tipos difíciles y su comportamiento?

 Participantes difíciles en las discusiones

1. **La persona que habla demasiado**: necesita atención y puede hacer que otras se desvíen también del tema a tratar.
Estrategias: las personas que hablan demasiado pueden causar

frustración fácilmente en una sesión plenaria y, en casos extremos, puede perderse el hilo. Tu misión consiste en pararles y redirigir sus aportaciones con astucia hacia el tema de la reunión. Sobre todo evita estrategias de conversación como asentimientos de cabeza o sonrisas. Aprovecha cuando la persona que habla toma aire. Levanta la mano y di: «Permíteme resumir lo dicho brevemente» o «Solo un comentario al respecto». Entonces haz lo que sugiera la frase.

Acto seguido, actúa: recuerda a los reunidos el motivo del encuentro («¿Qué os parece?») o ilustra un punto de forma visual. También puedes pedir a la persona que habla en exceso que resuma: «¿Qué consideras que es lo más importante en este caso?»

2. **La persona dominante**: suele ser un alto cargo, seguro de sí mismo, con tendencia a saltarse las normas e intervenir. Las ventajas de las personas dominantes son su aire de legitimidad (si son del equipo directivo y, por lo tanto, participan en la toma de decisiones), y suelen hacer buenas aportaciones con respecto al tema a tratar.

Estrategias: la mejor opción es abordar a la persona dominante antes de la reunión y hablar de ello. Si no es posible, háblale durante la pausa. Reconoce lo que la persona dominante dice durante la reunión, pero anima a otros a participar también. «Muchas gracias por la idea. ¿Qué piensan los demás al respecto?»

3. **La persona agresiva**: tiene como principio atacar a los demás, quiere «dar la nota» y le gusta emplear el sarcasmo y es el típico polemista que hace intervenciones cargadas de emoción. Las personas agresivas absorben mucha energía de las personas reservadas.

Estrategias: Respira hondo, mantén los dos pies en el suelo, intenta distanciarte por dentro y responde con tranquilidad, en sentido literal: en voz baja. Así rebajarás la tensión de la situación.

Aparte de esto, tal como se explica para los casos de provocación y ataque, vuelve al tema en cuestión. Habla con la persona agresiva cara a cara después de la reunión o durante una pausa, sitúate a un nivel personal. Así evitarás que quiera vengarse. Ejemplo: «Me he dado cuenta de que el tema es muy importante para ti... hemos cubierto todos los factores clave, ¿no crees?»

4. **La persona malhumorada**: ataca de forma impulsiva o empieza a gritar, es decir, se deja dominar por la ira de vez en cuando. Este tipo de persona también estresa a las personas reservadas o poco enérgicas.

Estrategias: Compórtate igual que harías ante una persona agresiva. Además, la ira y sus consecuencias suponen un obstáculo adicional en el caso de las personas malhumoradas: resulta sencillamente imposible volver al tema en cuestión mientras haya ira en la sala. Además, a menudo las personas iracundas no oyen nada más: sus sentimientos se han apoderado de ellas por completo.

Tu objetivo es, por un lado, abordar lo obvio: la ira. Por otro lado, quieres tratar el tema de la reunión. Así pues, en primer lugar, pasa al ámbito de la emoción pero a fin de rebajar la tensión. Es decir, al igual que cuando tratas con una persona agresiva, habla en voz baja y mantente lo más relajado posible. Mantén tus sentimientos a raya. Emplea una frase corta para llevar la reunión a tu terreno: «Me sorprende... ¿qué es lo que te parece preocupante de esta sugerencia?» o «No te veo nada contento con el rumbo que está tomando la reunión. ¿Qué sugieres?»

5. **El pesimista**: le gusta responder con escepticismo o negatividad, y suele estar motivado por el miedo (obstáculo 1). Esto puede tener ventajas en una reunión: si se airean posibles problemas cuando hay que tomar una decisión, se evitan errores y se ahorra mucho tiempo y dinero. Pero, por otro lado, si abundan los comentarios negativos existe el riesgo de que las personas se desanimen y frustren, especialmente esto último si la conversación trata de detalles específicos o asuntos periféricos que no todo el mundo es capaz de seguir.

Estrategias: escucha de manera objetiva aquello que al pesimista le parece dudoso. Decide con rapidez (pensamiento analítico, fortaleza 6) si esas dudas están justificadas y, si lo están, incorpóralas al resto de la discusión. Además, deja que los demás participantes hagan sus comentarios. Si crees que las dudas son exageradas, toma parte activa: pregunta al pesimista qué sugiere a fin de evitar un problema que ha identificado o cómo reducir el riesgo que supone lo que ha mencionado. Así podrás desviar la atención de la dificultad y dedicarla a resolverla. Esta actitud supone un obstáculo para los pesimistas, por lo que racionarán sus comentarios con más cuidado si tú diriges la reunión. También puedes traspasar las dudas a todos los reunidos y esperar que queden neutralizadas. Así, por ejemplo: «¿Qué opinan los demás expertos de este riesgo?» Un problema que debería tomarse en serio es el temor a lo nuevo, a lo cual son especialmente propensos los pesimistas. Puede resultar contagioso, por ejemplo si emplean frases como «quejas acertadas en casos comparables» o «riesgos de seguridad imprevisibles». Aunque los argumentos sean débiles, los comentarios provocativos de este tipo pueden inducir resistencia en los demás participantes en un plano emocional e incluso pueden hacer fracasar una muy buena idea. Nunca repitas estas frases provocativas en tus respuestas porque así evitarás que los asistentes se enfaden todavía más. Ejemplo (cuando se haga el primer comentario pesimista): «Tienes razón... es importante analizar bien los asuntos legales en nuestras afirmaciones. El concepto es irrefutable.»

6. **La persona que interrumpe**: no deja que otros acaben de hablar, grita en la sesión plenaria o se enfrasca en conversaciones privadas con otros participantes. Todo ello puede trastocar la reunión e incluso resultar contagioso, de forma que, en el peor de los casos, la persona que interrumpe puede alentar a otras a actuar del mismo modo.

   Estrategias: reconoce la interrupción con señales que queden claras, pero no excesivamente empáticas. En las conversaciones privadas, haz una pausa de lo que estés diciendo y mira a la otra persona con expresión amable y relajada. Normalmente así zanjarás el asunto y la situación se calmará. Si la persona grita mientras tú u otra persona habláis, tendrás que tomar medidas más drásticas de forma que todo el grupo tenga el mismo derecho a hablar y se dé una mínima garantía de que todas las personas que hablan tienen derecho a acabar su intervención. Una de tus funciones como presidente es dejar clara esta certeza.

   Ejemplo de un comentario después de que alguien grite: «Tu aportación tiene el mismo derecho a ser oída que la del resto de los participantes. Susan todavía no ha terminado. ¿Tomo nota de que quieres hablar?»

❓ Dos preguntas para ti

¿Qué molestia o qué tipo de participante serían tu pesadilla personal en una reunión que diriges tú?

_____
_____
_____
_____
_____
_____

¿Cómo tienes intención de reaccionar en el futuro si se da el caso?

_____
_____
_____
_____
_____
_____

 Resumen de los puntos clave

- Resulta de especial importancia para las personas reservadas saber las reglas tácticas que rigen las reuniones. Pueden utilizarse como base para desarrollar estrategias de participación satisfactorias.

- Dirigir una discusión también puede resultar fácil. Lo que hay que hacer es planificar a conciencia y conocer las distintas fases de la reunión, de manera que se preste el máximo de atención a las partes que no pueden planificarse.
- Por encima de todo, hay que saber lidiar con molestias y participantes que suponen un reto. Uno puede prepararse para ambos y gestionarlos con eficacia.

Permiso para ser reservado: las perspectivas de una vida plena como persona introvertida

Espero que los capítulos anteriores te hayan dado unas cuantas ideas para comprender mejor a las personas introvertidas y a vivir y comunicarte mejor como tal. ¿De qué modo cambiarás tu comportamiento cuando te comuniques? Te animo a que me escribas (fortaleza 9) sobre tus experiencias como persona introvertida y sobre las intenciones de cambio tras leer el libro.

Una cosa más para terminar: he resumido el material más importante y valioso en siete puntos, es decir, la esencia de mi trabajo desde hace mucho tiempo con personas reservadas. Supones bien al pensar que todo gira alrededor de la sustancia, fortaleza 2...

Introversión: una vida intensa

1. **Disfruta de la serenidad de ser reservado; para mucha gente sería demasiado**

Encuentra tu zona de confort en el continuo introvertido-extrovertido y conviértela en tu sitio. Cuando trates con otras personas, encuentra la cantidad de estímulo que te hace sentir bien para situarte en un punto medio entre el aburrimiento y el exceso de estimulación. Te sentirás mejor en ese lugar y tu gestión de la energía también se beneficiará. Considera tu introversión como un privilegio y un billete hacia una vida especialmente intensa.

2. **Compórtate como una persona extrovertida si vale la pena**

Deja tu zona de confort introvertida en contadas ocasiones: si realmente vale la pena y, sobre todo, solo cuando te sientas bien y te hayas recuperado. Pásate al «otro lado» y «sé extrovertido», como si estuvieras interpretando un papel: para hacer un discurso, para tomar una copa con los colegas o en un congreso o reunión. Pero, tal como he dicho, hazlo durante poco tiempo y solo en circunstancias favorables, no cuando estés estresado.

3. **Obtén fuerza de la calma**

Descubre maneras de retirarte y descansar tanto en el ámbito personal como en el profesional. Aprovecha esas oportunidades siempre que puedas: te benefician, y son maneras de llenar tu depósito de energía de vez en cuando.

Emplea la calma interior que obtienes gracias a esta estrategia para ti y otras personas.

4. Averigua cuáles son tus fortalezas y necesidades específicas, y vive de acuerdo con ellas

La intensidad es mejor que el volumen. El contenido profundo es mejor que las frases bien expresadas. Trabajar en solitario favorece la creatividad y la concentración. En realidad es muy sencillo: analiza el contenido de tu vida desde el punto de vista de un introvertido. Aprende a detectar tus fortalezas y necesidades. Empléalas como base para tus estrategias. Vive de acuerdo con ellas.

5. Sé un embajador de la reserva

Como ya sabes qué hacen y necesitan los introvertidos, puedes alentar a otros introvertidos con los que coincidas. Comunica lo que es importante para ti con tus propias palabras y empleando los medios preferidos. Apoya a jóvenes introvertidos. Muéstrate seguro con los extrovertidos. Nuestra sociedad puede beneficiarse de las voces reservadas y consideradas. Haz oír la tuya.

6. Gánate a otras personas con tu fuerza de persona reservada

Como persona introvertida, empleas medios distintos de los que emplean los extrovertidos para ganarte a otras personas y convencerlas. Emplea la prudencia (fortaleza 1), la concentración (fortaleza 5) y la empatía (fortaleza 10) para conseguir lo que quieras.

Utilizando tu fuerza de persona reservada ganarás en

dos sentidos: trabajarás en pos de tu objetivo y crearás relaciones positivas con las personas de tu entorno, al hacerlo, te ganarás su confianza sin perder ni un ápice de autenticidad y respeto.

7. Aprende de los extrovertidos y con ellos

En el capítulo 4 te mostramos cómo los introvertidos pueden beneficiarse de la compañía de personas extrovertidas. La filosofía ha generalizado el principio de los contrastes beneficiosos presentes en la naturaleza, que resultan especialmente vívidos en el yin y el yang del taoísmo. Los contrastes generan tensión positiva. Con respecto al tema que nos ocupa, esto significa que el mundo necesita exploradores y conservadores del statu quo, corredores de larga distancia y velocistas, pensadores y personas impulsivas, personas orientadas hacia el servicio y la seguridad.

Además, la riqueza de nuestra vida reside en gran medida en nuestra flexibilidad y en las posibilidades de acción que ello nos abre. Tanto las personas introvertidas como las extrovertidas son flexibles y esta flexibilidad ofrece una amplia gama de posibilidades para ampliar nuestros horizontes. Puedes fijarte en los extrovertidos para ampliar tu manera retraída de observar las cosas y comportarte añadiendo la perspectiva extrovertida, aunque no necesariamente actúes del mismo modo (como en el punto 2). Dedícate a analizar a los extrovertidos que te rodean: familiares, jefes y compañeros de trabajo.

Quizá te plantees qué puedes aprender de los extrovertidos. Yo recibo muchos estímulos de los extrovertidos que me rodean: los empleo para idear la manera de sobrevivir al conflicto, para saber cómo actuar de forma espontánea a pesar de tener la agenda llena, para entusiasmar a otras personas o correr un riesgo que me resultará gratificante. Las personas extrovertidas también me enseñan a disfrutar más en compañía, a ver las cosas de un modo un poco más amable y a estar más abierta a experiencias nuevas, aunque se me presenten de forma espontánea.

No obstante, los extrovertidos también pueden aprender de los introvertidos. Las personas reservadas pueden mostrarles cómo estar calladas y concentrarse en lo que otras personas dicen, así como a pensar antes de hablar. Tu propensión a la sustancia te permite mostrar a los extrovertidos cómo pensar con mayor profundidad. Muchos extrovertidos se sienten especialmente cómodos con personas introvertidas porque se sienten aceptados, una consecuencia de la empatía.

Las personas reservadas nos invitan a ser estables y concienzudas. Tal vez no suene muy apasionante, pero puede tener un efecto considerable en la supervivencia de las especies, allá donde la seguridad, los principios éticos, la tenacidad, el esmero y el análisis estén mejor valorados que las fortalezas de los extrovertidos como disponibilidad para asumir riesgos y la búsqueda de estímulos y recompensas. Por lo tanto, para mí sería reconfortante pensar que todas las decisiones últimas en ciertos ámbitos están en manos de personas reservadas, por ejemplo, en la energía nuclear, en el mercado monetario, en la industria alimentaria y en las cabinas de los aviones. En los demás ámbitos también vale la pena decir: ¡el mundo os necesita!

Sal a la calle y deja huella, ¡con tu reserva e intensidad!

Lecturas adicionales e investigación en pantalla

www.hsperson.com
Elaine Aron es psicóloga y experta en la sensibilidad acusada. Su sitio web contiene un test para saber si eres una persona con una sensibilidad acusada. El hecho de tener esta cualidad no tiene nada que ver con ser introvertido o extrovertido.

www.theathlantic.com
Disponible aquí en línea: el artículo de Jonathan Rauch «Caring for your Introvert» (marzo de 2003), que armó revuelo cuando se publicó; también una continuación con comentarios de los lectores («The Introversy Continues», abril de 2006) y una entrevista con Rauch («Introverts of the World, Unite!», febrero de 2006).

www.theintrovertedleaderblog.com
El blog de Jennifer Kahnweiler sobre las personas introvertidas en el mundo laboral.

www.thepowerofintroverts.com
El sitio web de Susan Cain con un blog y una gran cantidad de información sobre la vida plena como persona introvertida.

www.time.com
Weisskopf, Michael: Obama: How He Learned to Win. En: revista *Time* en línea, 8 de mayo de 2008: *http://content.time.com/time/magazine/article/0,9171,1738494,00.html*

www.toastmasters.org
Toastmasters International: una de las mejores maneras de aprender de forma asequible y eficaz a hablar en público y acerca de la comunicación en la gestión empresarial. El sitio web muestra los clubes locales en la zona, entre otras cosas y también clubes que puedes visitar durante los viajes de negocios o de placer.

Índice temático

A

alienación 103-104
analítico, pensamiento 68-72, 124, 224-232, 258-259
ansiedad, estrategias de resistencia a la 291-296
valoración 41
    obstáculos 110-111
    fortalezas 79-83
atención al detalle 92-93, 233-235, 296

B

cerebro, diferencias 26-27, 32-34
cerebro, predominio 68-69
negocios, viajes de 194-197

C

Cain, Susan 33, 35, 321
calma 64-67, 96, 124, 218-223
prudencia 57-59, 122-123
niños 141-157
confort, zona de 20, 35, 40
    hijos 143-144
medios sociales 239-240
salir de la 169
comunicación 36-41, 179-184
    correo electrónico 189-192
    relaciones 130, 132-134, 135-137
    con sustancia 59-61
    telefonear 185-188
    escrita vs. hablada 75-76, 125
concentración 61-62, 123, 284-286
conflicto
    evitar el 109-110, 265-268
    lidiar con 176-178
    en las relaciones 128-130
contacto, evitar el 107-108
contactos, cultivar los 205-208
    redes 205-218
    obstáculos 235-244
    networking social 242-246
    fortalezas 218-232
continuo, introversión-extroversión 20

D

detalle, demasiada atención al 92-93, 233-235, 301

digitales, redes 242-246
discusiones, dirigir 317-319, 322-324
   difíciles, situaciones y participantes 322-330
   fases de las 319
   preparativos para 318-322

E

empatía 76-78, 126, 261-262, 286, 287
energía
   mente introvertida 26-27
   gestión de 94-96
   fuentes de 24, 34, 94-95
huida 94, 100-101, 194-197, 297-301
ejecutivas, estrategias 170-177
extrovertidos, aprender de los 334-335

F

familia, vida en 118, 141-157
miedo 59, 87-91, 289-294
fijación 104-106
flexibilidad 106, 265, 334
flexiintrovertidos 40-41, 103
Freud, Sigmund 29-30

I

independencia 72-73, 125
iniciativa, tomar la 238-240
inmediato, círculo social 118
intensidad, introvertidos 38-39, 332
introvertidos y extrovertidos 20-25
   diferencias en el cerebro 26-27, 32-34
   hijos 141-157

   fuentes de energía 24
   Jung y Freud 29-31
   necesidad de ambos tipos 49-50
   como pareja 118-122
   proporciones de 35-36
   interacción social 36-40
   haz un test 41-46
   típicos 46-49

J

Johnson, Debra 32
Jung, Carl Gustav 29-30, 51, 65, 120

L

liderazgo, estrategias de 168-178
dar conferencias
   obstáculos para los introvertidos 288-301
   fortalezas de los introvertidos 281-287
   criterios de éxito 272-279
habilidad para escuchar 62-63, 124, 216-218, 257-258

M

gestión, estrategias 168-177
meditación 64-68, 294-296
reuniones 304
   para estudiantes avanzados 317-329
   reglas e implicaciones 305-317
mental, actividad 24-38

N

necesidades 37, 42, 45-46, 86, 102-108
   hijos 148-149

y relaciones 126-136
   supresión de 102-103
   y trabajo en equipo 161-168
negociación 248-249
   determina tu postura 249-250
   obstáculos de los introvertidos 262-266
   fortalezas de los introvertidos 257-262
   fases de 253-256
   comprender a la otra parte 250-253
networking 204
   objetivos 207-209
   coherencia, 214-215
   cultivar contactos 205-207
   digital 242-245
   presentaciones 211-213
   recursos 209-211
neuropsicología 31, 77-78
neurotransmisores 32-33
ruido 237-238

O

obstáculos de los introvertidos 85-113
Olsen Laney, Marti 30, 32, 34, 68, 70
sobreestimulación 27-28, 34, 38, 39, 70, 86, 93-96, 141, 233-238

P

ser padres 141-146
   niño extrovertido 151-157
   niño introvertido 146-151
pareja
   encontrar 119-127
   convivencia con 126-139
pasividad 60-61, 96-100, 238-239
paz y tranquilidad, necesidad de 25-26, 161, 165-166
perseverancia 74-75
personalidad, herencia de la 20-23
privado, espacio 118
   hijos 141-157
   círculo social inmediato 118-119
   vivir solo como introvertido 140-141
   relaciones 118-139
público, hablar en 270-271
proyecto de desarrollo 270-279
   obstáculos de introvertido 288-301
   fortalezas de introvertido 281-288
   fase de preparación 279-281

Q

cuestionarios 42-46
personas reservadas 20-28, 32, 41-42, 332-335

R

reflexionar, tiempo para 98-99
relaciones
   encontrar pareja 119-127
   introvertido/a-extrovertido/a 127-135
   entre dos personas introvertidas 135-138
   vivir en pareja 126-139
rituales 105-106, 137-145, 148-151
Roth, Wolfgang 30

S

autoengaño 102-104
autoconocimiento 45-46
soltería, vivir en 139-141

situación, factores de la 21-23
conversaciones triviales 202
    evitar el exceso de estimulación 233-238
    consejos para aumentar la claridad 233-235
    encontrar temas adecuados 230-231
    evitarlas, en los viajes 195-196
    fases y funciones de las 224-228
social, interacción 36-39
social, evitar el aislamiento 107-108
socialmente accesibles, introvertidos 40, 202
sociales, medios 239-241
miedo escénico 290
estimulación
    extrovertidos 34, 38
    reuniones 304-305
    exceso de estimulación 27-28, 34, 38, 70, 86, 93-96, 141, 235-238
fortalezas de los introvertidos 53-83

sustancia 59-61, 229-231, 282-284, 306
éxito, criterios de 272-279

T

trabajo en equipo 162
tenacidad 74, 125, 260
pensamiento analítico 68-72, 124, 224-231, 258-259
pensar demasiado 101, 262
tiempo a solas, necesidad de 24-25, 38-41, 94-95
típicos, extrovertidos e introvertidos 46-49

W

lugar de trabajo 159-160
    viajes de negocios 193-197
    comunicación 179-192
    liderazgo 168-178
    trabajo en equipo 162-164
escribir (en vez de hablar) 75, 125

Índice general

Introducción   7

PRIMERA PARTE
Quién eres. Qué puedes hacer. Qué necesitas

1. Reservado, ¿¡por qué!?.   19
2. Las fortalezas de los introvertidos:
   el tesoro oculto.   53
3. Las necesidades de los introvertidos
   y sus obstáculos   85

SEGUNDA PARTE
Cómo ser feliz en la vida privada y tener éxito profesional

4. Soy el rey de la casa: moldear tu espacio
   personal.   117

5. Público y humano: moldear el lugar
   de trabajo 159

TERCERA PARTE
Cómo hacer notar tu presencia y asegurarte de que te escuchan

6. Poner a prueba tu valentía: cómo entablar
   y mantener los contactos. 201
7. Conflicto entre una persona y una situación:
   cómo negociar 247
8. Ser el centro de atención: cómo hablar
   en público. 269
9. Las reglas de la manada: cómo hablar
   en una reunión 303

Permiso para ser reservado: las perspectivas
de una vida plena como persona introvertida . . . 331

Lecturas adicionales e investigación en pantalla . . 337
Índice temático 339

¡Gracias!

Ute Flockenhaus dio un empujón extraordinario al libro cuando la abordé embelesada y le conté mi idea. Se limitó a decir: «Protegeré el título.» Nunca lo olvidaré.

La inteligencia, flexibilidad y sensibilidad con el lenguaje de Frederike Mannsperger la convirtió en la editora perfecta.

La doctora Fleur Wöss me mostró el poder de los oradores introvertidos con un ejemplo práctico.

La doctora Christiane Buchholz, Christine Herwig, la doctora Eva Kalbheim, la difunta doctora Ursula Kleinhenz, la doctora Isabell Lisberg-Haag, el doctor Michael Meinhard, la profesora Maria Parr, Tom Peters y Andreas Stickler compartieron sus experiencias e ideas en infinidad de conversaciones y me ofrecieron su apoyo con su amistad.

Lars Schäfer se aseguró de que mantuviera los pies en el suelo, que no perdiera el sentido del humor y que acabara teniendo un manuscrito (aun después de sacar 79 ideas adicionales).

El doctor John Kluempers y Sr. Hijo son respectivamente el extrovertido más importante y el introvertido más importante de mi vida. Cada día me demuestran qué más es realmente importante, y mientras redactaba este libro me ofrecieron veladas muy entretenidas con distintas temporadas de *The Big Bang Theory*.